Gibt es Europäische Philosophie?

Was ist Europäische Philosophie? Europas
schillernde Denker.

MYTHOS ZUM LOGOS

IN EUROPA WIRD VIELES ZWEIMAL
ERFUNDEN. ZUM ERSTEN MAL IN
GRIECHENLAND, IN ATHEN UND ZUM
ZWEITEN MAL IM EUROPA DER FRÜHEN
NEUZEIT SPIELT DIE DEMOKRATIE, DAS
THEATER UND AUCH DIE PHILOSOPHIE.

Heinz Duthel

Die Europäische Philosophie.
Europas schillernde Denker.

Ein Philosoph schaut der Realität unter die Röcke. Er sucht die nackte Wahrheit

MYTHOS ZUM LOGOS

Heinz Duthel, M. Phil.

Member:

PSE (The Philosophical Society of England)

Impressum

Bibliografische Information der Deutschen Nationalbibliothek:
Die Deutsche Nationalbibliothek verzeichnet diese Publikation in der Deutschen Nationalbibliografie; detaillierte bibliografische Daten sind im Internet über http://dnb.dnb.de abrufbar.

© 2020 Heinz Duthel, M. Phil., Member: PSE (The Philosophical Society of England)

Lektorat: Universität Freiburg weitere Mitwirkende: Academie FLAEPA Barcelona

Herstellung und Verlag: BoD – Books on Demand, Norderstedt

ISBN: 9783751952200

9 783751 952200

vorwort: Wo es Leben gibt, da ist auch Hoffnung!

Die Europäische Philosophie

IN EUROPA WIRD VIELES ZWEIMAL ERFUNDEN. ZUM ERSTEN MAL IN GRIECHENLAND, IN ATHEN UND ZUM ZWEITEN MAL IM EUROPA DER FRÜHEN NEUZEIT. DIE DEMOKRATIE, DAS THEATER UND AUCH DIE PHILOSOPHIE.

"Die eigentliche Philosophie beginnt im Okzident. Erst im Abendlande geht diese Freiheit des Selbstbewusstseins auf, das natürliche Bewusstsein in sich unter und damit der Geist in sich nieder." (Werke 18, S. 121).

Europäische Philosophie ist der Versuch, sind die Versuche, einer sich auf unterschiedlicher Weise versichernden Vernunft. Der Nachweis, dass andere Kulturen auch logisch denken konnten oder dass sie Logik-Bücher verfassten, zeigt die Existenz eines nicht-europäischen (metaphysischen) Denkens.

Ich würde den Ausdruck einer nicht-europäischen Philosophie für die Fälle reservieren, bei denen eine bewusste und eigenständige Rezeption der europäischen Philosophie im Horizont eigener Denktraditionen stattgefunden hat.

8

Ich möchte diesen philosophischen Streit zwischen Partikularistin und Universalisten – wobei ich mir bewusst bin, dass das beliebte Argumentieren mit Hilfe von – ismen/ismus dem Schubladendenken eigen ist – an einem Beispiel näher erläutern.

In seinem Buch Entstellungen.

Die Metaphysik im Denken Martin Heideggers. Mit einem Blick nach Japan (München 1991, S. 271ff) nimmt Elmar Weinmayr Bezug auf den Heideggerschen Versuch "das gewandelte europäische Denken in eine fruchtbare Auseinandersetzung mit dem ostasiatischen "Denken" zu bringen", so Heidegger selbst im Vorwort zur japanischen Übersetzung des Vortrages Zur Frage nach der Bestimmung der Sache des Denkens (in: H. Buchner, Hrsg. Japan und Heidegger, Sigmaringen 1989, S. 230).

Worum geht es?

Es geht um die europäische Moderne und um die "Europäisierung der Erde" (Heidegger).

Gibt es aber, so könnten wir den Titel dieses Aufsatzes umwandeln, eine nicht-europäische Moderne? Ist der Ausdruck "europäische Moderne" nicht eine Tautologie?

Oder ist die Moderne eine kulturunabhängige Erscheinung, so dass wir jeweils von der Moderne in Europa, in Japan usw. reden müssten?

Für Weinmayr gibt es so etwas wie eine japanische "nicht-europäische Moderne" (op.cit. S. 295) Müsste man nicht dann auch den Ausdruck "nicht-europäische Philosophie" zulassen?

Von Philosophie zu sprechen, nur weil bestimmte logische Prinzipien angewandt oder thematisiert werden, oder weil das Denken sich kritisch mit Tradition, Dogmen, Mythen usw. auseinandersetzt ist zwar legitim, aber steht immer in der Gefahr, die Maßstäbe europäischer Rationalität so zu universalisieren, dass die eigenen und fremden kontextuellen Unterschiede nicht mehr sichtbar sind.

Dabei gehen auch die Konturen und Brüche der abendländischen Metaphysik verloren.

Der Ausdruck europäische Philosophie ist wohl, so könnte man meinen, eine Tautologie. Denn Philosophie, der griechische Ausdruck verrät es schon, ist eine europäische oder abendländische Erscheinung, eine bestimmte Ausformung menschlicher Vernunft, eine charakterliche (gr. Charakter: Gepräge, Haupteigenschaft) Art des Verhältnisses des (europäischen) Menschen zur Welt, bei der es um das wahre

Sein dieses Verhältnisses geht. Wahrheit (gr. aletheia) ist das Grundwort abendländischer philosophischer Vernunft.

Philosophische Wahrheit zielt auf die Offenlegung eines nicht erschütterbaren Seins Verhältnisses. In angesichts dessen, was die Natur (gr. Physis) in ihren wechselbaren Hervorbringungen entstehen lässt, strebt die philosophische Wahrheitssuche nach einem diesen Prozess ermöglichenden meta-physischen Grund. Philosophie ist die Suche nach dem Bleibenden hinter den Erscheinungen.

Sie nimmt die Erscheinungen als Erscheinungen wahr indem sie nach dem Bleibenden (Sein) sucht, was so viel heißt, dass sie die scheinbaren Behauptungen des Mythos, dies oder jenes sei so und so (gewesen)', von sich aus prüft. Woraufhin?

Auf das Sein nämlich. Europäische Philosophie – Europa ist eine Okeanide, eine griechische Nymphe, zunächst eine Bezeichnung für das griechische Festland, später auch eine blumenpflückende Prinzessin durch Zeus in Stiergestalt am Strand von Syrien bzw. Kanaan entführt – ist genau diese so ausgestaltete Frage nach dem Sein.

Schon die heilige Dreifaltigkeit der griechischen Philosophen Sokrates, Platon, Aristoteles widerlegt das Klischeebild vom Philosophen zum alten Mann. Sokrates war ein Witzbold und Straßenränder. Er hatte eine Technik entwickelt, seinem Gesprächspartner durch logische Zauberkunst Stücke dermaßen zu verunsichern, dass dieser dann jede Erklärung schluckte, die ihm angeboten wurde.

Das illustriert den Beginn aller Philosophie, die große Verunsicherung. Jemand bemerkt Was für Wahrheit gehalten wird, ist Nonsens. Nichts als ein Haufen Vorurteile, gespeist aus den Wünschen der Menschen und ermöglicht durch die Begrenzung ihrer Optik.

Deshalb ist es nicht zufällig, dass beide Male das Theater und die Philosophie zur gleichen Zeit entstehen. Auch für den Philosophen ist die Welt ein Theater. Aber für ihn ist das Schauspiel auf der Bühne eine Illusion, die nur die naiven Zuschauer für Realität halten.

Er aber interessiert sich für die Hinterbühne, den Ort, von dem aus die Inszenierung gesteuert wird. Kurzum. Ein Philosoph schaut der Realität unter die Röcke. Er sucht die nackte Wahrheit. Sein Ziel ist die Aufklärung. Deshalb entstand wie das Theater auch die Philosophie aus der Religion.

Vorher, im gesamten Mittelalter, war sie nur ein Wasser. Trägerin der Theologie. Das Ergebnis stand immer schon fest.

Das hörte auf, als nach der Kirchenspaltung die Religion in den Glaubenskrieg mit ihren Kredit verspielte. Der Gründungsvater der neuzeitlichen Philosophie, der Franzose, zieht als Soldat durch das Deutschland des Dreißigjährigen Krieges 1618 bis 1648.

Sein Zeitgenosse Thomas Hobbes erlebt den Englischen Bürgerkrieg 1842 bis 1849 als Mathematiklehrer von Prinz Charles, des Ersten ins Exil. Es muss für Sie eine ungeheure Erleichterung bedeutet

Haben Sie Ihre Gedanken von den sinnlosen Streitigkeiten und dem Gemetzel des Krieges und den ewigen Wahrheiten der Mathematik und der Logik. Die Betrachtung der ersten Prinzipien der Philosophie muss sie getröstet haben und von den Offenbarungen der Geometrie muss ein ungeheurer Glanz ausgegangen sein.

Auf diese ewigen Wahrheiten konnten sie ihrer Welt vertrauen und ihr Wahrheit Konzept besser gründen als auf die Religion. Statt zu Wahrheiten zu Massakern führte.

René Descartes 1596 bis 1650.

Auf seinen Feldzügen im Dreißigjährigen Krieg kam die Cart auch nach Ulm und in die Gegend um Ulm herum. Dort war es kalt, und er kroch in einen Ofen. So berichtet er selbst. In hatte drei Träume Als er wieder herauskam, hatte er ein neues Ideal der Philosophie gefunden die Mathematik. Die Aussagen der Philosophie sollten so grundlegend und logisch, so unerbittlich sein wie die der Mathematik. Um für diese Grundlegung Platz zu schaffen. Zweifel an allem, und schon hatte er das Fundament aller Fundamente, den Sockel der neuzeitlichen Philosophie und den Felsen gefunden, auf denen sie ihre neue Kirche gründen konnte.

Es war der Schluss Wenn ich an allem zweifle, ich doch nicht daran zweifeln, dass ich zweifle. Das neue Prinzip war, dass ich das Subjekt. Jede Negation muss mit sich eine Ausnahme machen. Die Demokratie kann nicht über sich selbst abstimmen lassen. Der Magen darf sich nicht selbst verdauen. Der Vielfraß darf sich nicht selber fressen. Der Richter kann sich nicht selbst verurteilen. Kurzum Ich kann sich nicht selber wegdenken. Und so sprach die Karrt den berühmtesten Satz der Philosophiegeschichte Japans Jessy. Cart sprach Französisch. Aber es gibt eine berlinerisch Variante über den Ursprung dieses Satzes in Versen Klops.

Und wer steht draußen?

Die bekannteste Version dieses Satzes ist lateinisch und dann heißt der Satz cogito ergo sum auf Deutsch.

Ich denke, also bin ich. Das war revolutionär. Bisher waren die Philosophen mit ihren Überlegungen immer von der Welt der Objekte ausgegangen.

Den Start seines philosophischen Hindernislaufs ins Bewusstsein. Von da aus stürzt er sich auf die materielle Welt, steckt sie in Brand und brennt mit dem Feuer der Gedanken alles hinweg, was nicht unbedingt notwendig ist.

Bis er schließlich nur noch das in Händen hält, was sich mathematisch messen lässt. Gestalt, Bewegung und Zahl. Den Rest Geschmack, Geruch, Wärme und Farbe erklärt er zu subjektiven erst das menschliche Bewusstsein der materiellen Suppe hinzufügt. Damit verbreitet er die Vorstellung von einer geschmacklosen, farblosen und lautlosen Welt, die nur den Gesetzen der Mechanik gehorcht.

Diese Welt ist entzaubert und der Herrschaft der Kausalität, des Ursache, Wirkung, Prinzips und der Mathematik unterworfen. Von da an geht ein Riss durch den ehemals ganzheitlichen Kosmos Im reflexiven Bruch mit der Welt der Objekte kommt sich das Subjekt als Realität auf die Schliche und kann sich von da an als Geist von der Materie unterscheiden.

Aber jetzt stehen sich Subjekt und Objekt gegenüber. Die Welt der Objekte lässt die Hose herunter, um sich vom Subjekt der Wissenschaft untersuchen zu lassen. Subjektivierung des Ich und Objektivierung in der Wissenschaft gehören zusammen.

Das nannte man dann Dualismus von lateinisch du 2.

Ihre Eigenständigkeit gegenüber der Welt wurde er zum Gründungsvater des Rationalismus, der Betonung der Vernunft.

Thomas Hobbes 1588 bis 1679.

Im Vergleich zu den moderaten gemäßigten Dschihadisten des Cart ist sein englischer Zeitgenosse Thomas Hobbes ein finsterer radikaler Lenski, erwischt den ganzen Nonsens mit dem Sonderstatus des Geistes beiseite und unterwirft auch in dem Gesetz der Kausalität. Unsere Vorstellungen sind nur verschiedene Kombinationen von Sinneseindrücken, und unsere Gedanken verketten sich kausal nach dem Gesetz der Assoziation selbst. Der Wille ist nicht frei, sondern nur das Resultat des Fingerhakelns zwischen Furcht und Gier. Auch Gut und Böse sind relativ gut. Nennen wir den Gegenstand unserer Neigung, böse den unsere Abneigung. Der Mensch ist eine Maschine. Der lückenlose Kausalzusammenhang lässt keinen Platz für die Eingriffe Gottes. Die Erhaltung des Menschen durch Gott wird deshalb abgelöst von einem neuen Prinzip der Selbsterhaltung. Diese ist nicht mehr göttlich, sondern teuflisch. Und auf diesen infernalischen Grund trieb gründet Hopps seine Staatstheorie. Diese Staatstheorie entfaltet er in einem Buch, das heute noch die Gemüter erregt. Der Leviathan begreift den Menschen als unruhiges, gesetztes Tier. Weil er fähig ist, in die Zukunft zu schauen, hat er ständig Angst davor, dass ihm die Vorräte ausgehen oder dass ein anderer sie ihm wegnehmen könnte. Deshalb will er Macht, Macht und nochmals Macht. Das macht ihn zu einem einsamen und unsozialen Wesen. Entsprechend deprimierend ist der Urzustand des

Menschen, vor seiner Vergesellschaftung sich so ausmalt Es herrscht Krieg aller gegen alle. Das Leben ist einsam, hässlich, brutal und kurz. Aus dieser Beschreibung stammt eine berühmte Formel, die heute immer noch zitiert wird Homo domini lupus Der Mensch Homo ist dem Menschen ein Wolf lupus. Und nun kommt die Konsequenz aus Furcht vor dem gewaltsamen Tod schließen die Menschen einen Vertrag untereinander, den sogenannten Gesellschaftsvertrag auf Englisch social contract, auf Französisch contrat social.

In ihm übertragen sie ihr Recht, Gewalt auszuüben auf einen einzelnen, unter ihnen den Herrscher. Auf diese Weise wird die gesamte Gesellschaft zu einem Individuum, dem Staat. Der Staat ist der Leviathan. Der Name bezeichnet ein Seeungeheuer im Buche Hiob, der sterbliche Gott, dem unsterblichen Gott Frieden und Schutz verdanken. Dieser Gott, der Staat ist absolut. Er steht über den Parteien und der Moral. Das klingt nach den historischen Erfahrungen des 20.Jahrhunderts absurd. Aber nach den Erfahrungen des englischen Bürgerkriegs war es das nicht. Wer im Konfliktfall die ganze Moral für sich beansprucht, lässt dem Gegner nur die Unmoral. Das verschärft den Konflikt bis zum Krieg. Konsequenz Die Religion wird vom Staat getrennt. Das Gewissen wird zur Privatsache, und der Staat erzwingt den Frieden. Mit diesem Werk erregte Hopps die Wut aller Parteien. Der Materialismus erbitterte die Theologen, die

Begründung des Absolutismus brachte ihm die Feindschaft des englischen Parlaments ein. Die Privatisierung der Moral ärgerte die Puritaner, und die Lehre vom Gesellschaftsvertrag kostete ihn das Wohlwollen der Königstreuen im Exil. Und Lehre polarisiert bis heute die Gemüter. Die einen finden es unmoralisch, die Friedensstiftung des Staates ohne den Bezug auf Grundwerte rein technisch zu begründen. Die anderen berufen sich auf ihn, wenn sie auf die Gefährlichkeit von Leuten verweisen wollen, die die Moral für sich gepachtet zu haben glauben. Sie schrecken vor nichts zurück. Hopps hat herausgefunden, dass nichts gefährlicher sein kann als die Moral.

John Locke 1632 bis 1704.

Bei John Lock hält sich das Menschenbild wieder auf Locks Vater ist ein aufrechter Parteigänger des Parlaments. Er selbst wird Leibarzt des obersten Führers der Partei von dessen Enkel, der später selbst ein bedeutender Philosoph wird. Block hat zwei Schriften geschrieben, die zu den einflussreichsten Werken gehören, die überhaupt je verfasst wurden. Essay Versuch über den menschlichen Verstand. Darin, dass es keine angeborenen Ideen gibt, sondern dass vielmehr alle unsere Vorstellungen aus Sinneswahrnehmungen stammen und dass jeder Mensch ein unbeschriebenes Blatt Tabula rasa ist, das erst von der Erfahrung beschrieben wird und ergibt, dass nur jene Eigenschaften der Realität sind, die man mathematisch messen kann, und alle anderen, die er sekundäre Qualitäten nennt. Nur aus Kombinationen dieser primären Qualitäten entstehen. Entscheidend ist für die primäre Qualität der Bewegung. Locks Freund Newton hatte die gleichförmige Bewegung mit der Entdeckung der Gravitation, also der Schwerkraft, zum neuen Ideal der Natur erhoben, so wie später Einstein die Lichtgeschwindigkeit. Die Gravitation in den Menschen entdeckt dort die gleichförmige Abfolge der Ideen im Geist. Aber die Prozession der Ideen muss von einer Instanz aus beobachtet werden, die selbst dauert, wenn sie überhaupt als Einheit wahrgenommen werden soll. Dieser Zusammenhang von Dauer und Wechsel macht für das Subjekt aus. Der Stoff, aus dem die Subjekte sind, ist die Zeit, in der sie sich organisieren, ist die Reflexion. Damit wird die alte Differenz zwischen dauernder Ewigkeit und wechselhafter im Diesseits ins Subjekt verlegt. Die Reflexion läuft mit der Abfolge der Zeit parallel und schafft durch den Selbst Kontakt des Subjekts im Wechsel. Hopps Unruhe der menschlichen Leidenschaften wird bei Lock zur Unruhe des Denkens sublimiert. Das heißt verfeinert durch Reflexion zur Einheit gebracht und zur Basis des Gefühls des Subjekts gemacht wird.

Diese Schrift wurde ein Meilenstein der Erkenntnistheorie, Philosophie, der Erkenntnis und zum Kultbuch der französischen Aufklärung. Sie lieferte die Plattform, auf der die weitere Philosophie bis zu Kant ihre Probleme formulierte, und sie beschleunigte die Subjektivierung.

Die Innenschau der Literatur im Roman übte einen großen Einfluss auf Literaten, Künstler und Psychologen aus. Womöglich noch wichtiger war Locks politische Schrift Gouvernement. Zwei Abhandlungen über die Regierung und darin vor allem der zweite Traktat Hypothese eines gesellschaftlichen Naturzustand, der aber nicht durch den Krieg aller gegen alle, sondern durch die Gleichheit und Freiheit aller Individuen gekennzeichnet ist. Wie bei Hops schließen Sie einen Vertrag, delegieren oder übertragen aber Ihre Rechte nicht an einen absoluten Monarchen, sondern an die Gemeinschaft selbst. Sie ist der

Souverän, und sie delegiert wiederum ihre Rechte an eine Regierung, die nach dem Prinzip der Gewaltenteilung organisiert ist Legislative im Parlament, Exekutive beim König und seinen Ministern. Zweck der Regierung ist der Schutz des Eigentums, und Eigentum ist nicht nur eine ökonomische Ressource, also Quelle zur Profitmaximierung, sondern zugleich Garant der politischen Unabhängigkeit des Bürgers vom Staat. Der Grund für sein bürgerliches Engagement. Freiheit und Eigentum werden zusammengedacht und nicht wie später im Sozialismus in Gegensatz zueinander gebracht. Daraus ergab sich die Konsequenz Eine Regierung kann gestürzt werden, wenn sie ohne Zustimmung der Betroffenen über die Freiheit oder das Eigentum der Bürger verfügt.

Diese Schrift wurde zur Magna Charta der bürgerlichen Demokratie. Zur Erinnerung Die Magna Carta gilt als erste Garantie der Freiheitsrechte, rechtfertigen die glorreiche Revolution von 1848, die amerikanische Revolution von 1776 und die Französische Revolution von 1789? Die amerikanische Unabhängigkeitserklärung übernimmt fast wörtlich Formulierungen von LOC. Diese wiederum findet Eingang in die Erklärung der Menschenrechte der Französischen Revolution, die Verfassung und nach Frankreich importiert, zwischengelagert und durch die richterliche Gewalt erweitert, nach Amerika exportiert.

Sie wurde zu großen Legitimationskrise Rechtfertigung für die Lehre von der Volkssouveränität und den Menschenrechten und der Gewaltenteilung in einer parlamentarisch kontrollierten Regierung und damit zur Basis der politischen Zivilisation als Schreckbild beschworene Bürgerkrieg wird über die Differenz zwischen Regierung und Opposition zum friedlichen Bürgerkrieg der Meinungen, den Königsweg zur zivilen Gesellschaft.

Gottfried Wilhelm Leibniz 1646 bis 1716.

In der Philosophie zeigen sich nationale Temperamente. Die Engländer haben einen demokratischen Staat und sind Empiriker. Sie begründen alles mit Erfahrung. Die Franzosen haben einen zentralen Verwaltungsapparat und sind Rationalisten. Die Deutschen haben gar keinen Staat und noch weniger Erfahrung. So werden sie auf den Pfad der Spekulationen gedrängt und werden Idealisten.

Für sie ist alle Realität geistig. Ein Idealist ist auch ihr erster großer Philosoph Gottfried Wilhelm Leibniz. Er ersetzt das mechanistische Modell der Engländer durch das Modell einer organischen Dynamik. Für ihn ist das entscheidende Natur Prinzip nicht die Bewegung, sondern die hinter ihr wirkende Kraft.

Ihn interessiert nicht so sehr wie Lock die Mannigfaltigkeit der Erfahrung, sondern das Prinzip der Einheit des Subjekts. Die Kraft Träger stellte sich entsprechend als eine Art spiritueller Atome vor vier Monaten nennt Monaden sind unteilbare, individuelle und in sich geschlossene Seelen ohne Gestalt und Ausdehnung, voller Streben, voller Appetit und innerer Tätigkeit. Sie haben zwar keine Fenster, aber in jeder von ihnen spiegelt sich das gesamte Universum.

Sie unterscheiden sich jedoch, mit der diese Spiegelung erfolgt. Daraus ergibt sich eine Folge von den somnambulen Monaden der Dinge über die wahrnehmenden Monaden der Tiere, Monaden der Menschen. Die Vorstellung führt Leibniz zur Beschreibung der verworrener und abgeschotteter Bereiche der Selbstwahrnehmung, die den Begriff des Unbewussten vorwegnehmen.

Wie hängt nun die Mechanik der Körper mit der Dynamik der Seelen zusammen? Was unter dem Blickwinkel der Mechanik wie Kausalität aussieht, stellt sich im Bereich der Monaden.

Der Zusammenhang wird durch eine stabilisierte Harmonie bewirkt nach der Manier zweier Uhren, deren pendelschlag wie ein Tanz der Wechselwirkung aussieht, obwohl jede von ihnen ihrer eigenen Dynamik folgt nach demselben Prinzip ist alles von Anfang an aufeinander ausgerichtet. Was wir als Wirkung begreifen, Wahrnehmung und wahrgenommen, ist Geist und Körper, Empfindung und Bewegung etcetera.

Der Urheber dieser Harmonie ist natürlich die oberste Monade Gott, der Schöpfer aller Dinge und der Inbegriff der Vernunft. Er hat die Glückseligkeit der Menschen zum Regierungsstil erhoben.

Nun steht es damit aber nicht zum Besten, wendet der Advocatus Diaboli ein.

Die Menschen sind oft sehr unglücklich. Wie kann ein Gott, der das bewirkt, weise, allmächtig, gütig sein?

Gott entschuldigt sich wie alle Regierungen und spricht. Mehr ist nicht drin. Schließlich muss ich ganz verschiedene Interessengruppen befriedigen und die größtmögliche Ordnung der Konservativen mit der größtmöglichen Mannigfaltigkeit der linken Anarchisten verbinden.

Ich muss die einfachsten Wege mit den größtmöglichen Wirkungen verbinden und kann die Zwecke nur mit den Leiden der vielen erreichen.

Nach Sichtung aller möglichen Welten hat mein Computer die beste aller möglichen Welten ausgewählt. Eine bessere gibt es nicht.

So spricht Gott.

Dieses Argument nennt man eine Theodizee, eine Rechtfertigung Gottes angesichts der übel in der Welt.

Nach dem Erdbeben von Lissabon im Jahre 1755 quittierte die Welt dieses Argument mit einem Hohngelächter Voltaire schreibt, einen ganzen Roman mit dem Titel Condit ad absurdum zu führen. Darauf wurde Gott wegen

Nichtexistenz freigesprochen und zugleich exekutiert.

Die ganze Sache war ein Schmarrn, aber ein tödlicher Schmarren. Denn kaum stand Gott als erster Verursacher nicht mehr zur Verfügung, brauchte man einen neuen Sündenbock.

Wer macht die Geschichte, wenn es nicht Gott ist, der Mensch selbst?

Wer ist also schuld an dem Mist? Der Mensch? Von da an wurde die Weltgeschichte zum Weltgericht Im Zeitalter der Revolutionen gab es immer Schuldige, die den Weg zum Glück versperrt hatten. Könige, Priester, Autokraten, Kapitalisten, reaktionäre, Schädlinge, Volksfeinde, Rechtsabweichler, Links, Abweichler und Verräter der Revolution.

Ihnen wurde später der Prozess gemacht, weil Gott nicht mehr da war, und meistens war der Prozess kurz.

Jean-Jacques Rousseau 1712 bis 1778.

Kein Franzose, sondern ein Deutscher sein. Seine Feindseligkeit gegen die Gesellschaft und ihre Konventionen und seine Selbststilisierung als verfolgter Außenseiter sowie seine Anbetung des Gefühls all das entspricht so ganz der Seelenlage der Deutschen.

Aber in Wirklichkeit hat Rousseau die Deutschen erst möglich gemacht. Und so ist er denn auch ein Kompromiss zwischen Franzosen und Deutschen. Denn er ist ein Schweizer und stammt aus Genf. Persönlich war unleidlich ein Querulant und sozial unfähiger Egozentriker, der sich ständig auf seine Gefühle und seine Authentizität berief. Andere der Heuchelei anklagte und sich mit allen verkrachte. Aber selten hat ein Mensch aus solchen Eigenschaften so wirkungsmächtig herausgeholt.

Mit ihnen traf er den Zeitgeist, artikulierte ein neues Lebensgefühl und wurde zum Inspirator der Französischen Revolution und der Romantik. Dabei schuf er eine revolutionäre Philosophie, die um einen großen Gegensatz herumgebaut ist. Die Natur ist gut, die Gesellschaft ist schlecht. Natürlich meinte er damit die Gesellschaft des Ancien Régime vor der Revolution. Aber man konnte mit dieser Behauptung in der Folgezeit auch jede andere Gesellschaftskritik begründen. Mit dem großen Gegensatz von Natur und Gesellschaft waren weitere Gegensätze verknüpft.

Auf die Seite der Natur gehörte alles, was nicht künstlich, sondern echt ist. Das Gefühl, die Spontaneität, die Echtheit, die Ehrlichkeit, die unwillkürliche, das Landleben, die Naturvölker, die Wilden, die edle und das naturbelassene Kind.

Höchstes Gut ist die eigene Authentizität. Und so hat Rousseau sich auch in seinen eigenen Bekenntnissen hemmungslos entblößt Auf die Seite der bösen Gesellschaft gehören die Konventionen, die Mode, die Verstellung, die Höflichkeit, das Theater, die Maske, die Eleganz, die Liebenswürdigkeit, die Institutionen und alles, womit man um der Schonung des anderen Willen seine eigenen Impulse in Regie nimmt. Von da aus entwickelt Rousseau in seinen Schriften Emil Eloise ein neues Konzept, bei dem die natürliche Entwicklung des Kindes im Mittelpunkt steht. Für sein Schreiben Ruhe zu haben allerdings seine eigenen Kinder ins Waisenhaus. In seiner Gesellschaftstheorie startet er wie mit dem Szenario des Gesellschaftsvertrages. In ihm verzichtet der Einzelne auf seine Rechte zugunsten der Gemeinschaft, murmelt Rousseau ein paar positive Bemerkungen zur Gewaltenteilung. Aber sein höchstes Gut ist die Volkssouveränität, die sich in der volonté générale, einer Art objektiven Gesamtinteresse, nicht etwa Mehrheitsmeinung ausdrückt. In der Revolution dient diese Betonung der Gemeinschaft zur Rechtfertigung des Terrors. Anhaltend, umfassend und gründlich Seine ständigen Querelen, die er als Verfolgung einer einsamen Seele und eines aufrechten Rebellen stilisierte, erregten das Mitgefühl Europas. Er beeinflusste den Sturm und Drang, die Geschichtsphilosophie Herders, die Ethnologie der Naturvölker, die Pädagogik, Pestalozzi, die Nationalökonomie, die die Landwirtschaft betonten, und die gesamte Literatur der Romantik mit ihrem Kult des Gefühls.

Immanuel Kant 1724 bis 1804.

Ist der Copernicus der Philosophie? Er drehte die Blickrichtung um. Und siehe da Der Verstand hörte auf, sich um die Realität zu drehen, und die Erde der Erfahrungswelt drehte sich um die Sonne des Verstandes oder weniger poetisch, schaute nicht mehr auf die Realität und fragte sich, wie der Verstand sie richtig abbilden können. Stattdessen blickte er auf den Verstand und fragte sich, wie die Erkenntnis Apriori, also vor aller Erfahrung aussehen müsse. Von da aus gelangt er zu einer ganz neuen Staffelung logischer Ebenen.

Der Verstand gehört nicht zur Erfahrungswelt, die er dann erkennt. Vielmehr bringt er die Welt erst hervor durch die Art, wie er sie konstruiert. Er ist nicht Teil der Welt, sondern ihr Ursprung. Er ist nicht empirisch, sondern transzendental. Er schreibt der empirischen Welt vor, wie sie zu sein habe.

Die Kategorien, mit denen er sie beobachtet, etwa Kausalität, sind nicht Teil der Welt, sondern Bestandteil unserer Erkenntnis Matrix. Mit dieser konstruktivistischen Wende beantwortet, kann die Frage, wie der Verstand die Mannigfaltigkeit der Erfahrung zur Einheit bringt. Er findet die Einheit nicht in der Welt, sondern bringt sie mit.

Wie die Welt an sich ist Kant nennt das Ding an sich können wir nicht wissen, aber was wir erkennen, erkennen wir mit Notwendigkeit, und zwar nur über die Einheit stiftende Kraft unseres Verstandes. Mit dem Begriff transzendental, den er als Gegenbegriff zu empirisch bezeichnet, kann alles, was ich nicht auf die Realität, sondern auf die Bedingungen der Möglichkeit der Erkenntnis bezieht. Seine Philosophie ist also transzendentale Philosophie. Sie ist kritisch, weil sie die Erkennbarkeit der Welt an die Bedingungen des Verstandes bindet und dadurch begrenzt. Deshalb nennt seine Kritik der reinen Vernunft. Darin geht es um die Bedingungen der Erkenntnis, Kritik der praktischen Vernunft.

Darin geht es um die Moral und Kritik der Urteilskraft. Darin geht es um Ästhetik und höhere Zwecke. Er beantwortet damit die drei großen Fragen Was kann ich wissen, was soll ich tun und was kann ich hoffen?

Zugleich ist schon so etwas wie Ideologiekritik des menschlichen Geistes. Wenn ich die Bedingungen der Möglichkeit meiner Erfahrung nicht kenne, neige ich dazu, sie in die Realität zu projizieren.

Das Wort Gott so ähnlich klingt, wie das Wort Brot auch grammatikalisch genauso gebraucht wird, denke ich, dass Gott genauso real ist wie Schwarzbrot, obwohl ihm keine sinnliche Erfahrung entspricht. Ganz so sagt es Kant zwar nicht, sondern der Sprachphilosophie.

Aber so etwas Ähnliches meint er, wenn er sagt, regulative Ideen sind Dienstanweisungen zum

Gebrauch des Verstandes dürfen nicht mit konstitutiven Ideen. Das sind äußere Verwaltungsakte zwecks Feststellung von Tatsachen verwechselt werden.

Sonst halten wir Phantome für real. Und wie später Wittgenstein versteht Kant seine Kritik als Therapie eines Verstandes, der sich noch nicht als transzendental durchschaut hat und sich deshalb nicht selbst von der Welt, die er konstruiert, unterscheidet. Enthielten die Fragen, an die die Philosophie der nächsten zehn Jahre anknüpft.

Das Ding an sich, das unerkennbar, übte den Reiz eines ungelösten Rätsels aus. Hat unser Verständnis von Erkenntnis grundlegend verändert fast niemand glaubt heute mehr, der Geist bilde die Welt ab. Praktisch alle seriösen Theorien sind konstruktivistische. Wir konstruieren unsere Realität, nur das wird erfasst, was in diese Konstruktion passt, so wie wir nur eine bestimmte Bandbreite von Tönen hören können und nicht noch wie ein Hund den Ultraschall dazu.

Zugleich konnte man sich vorstellen, dass die Erkenntnis Matrix zwar transzendental war, aber von veränderlichen Faktoren abhing. Diese Faktoren konnten historisch sozial geschlechtsspezifisch, Milieu, spezifisch oder kulturell konditioniert sein. Oder sie konnten sich nach unbewussten Interessen richten.

Auf jeden Fall sind sie uns nicht bewusst, weil sie ja vor aller Erkenntnis liegen. Das eröffnete die olympische Disziplin der allgemeinen Verdächtigung.

Jeder entdeckte nun beim anderen die Gründe für seine Borniertheit.

Er ist ein Kapitalist. Er kann nicht anders als in Begriffen der Profitmaximierung denken. Er ist ein WASP.

Er kann nicht anders als in den rationalen Kategorien der europäischen Kultur denken und denkt sich gar nichts dabei.

Auf diese Weise konnte man unschuldig schuldig werden. Man sah die Welt falsch, aber wusste es nicht. Die nächsten zwei Jahrhunderte nach Kant wurde die Zeit des Ideologie Verdachtes Bevor sie begann, musste zuvor noch Hegel Kant durch die historische Mangel drehen.

Georg Wilhelm Friedrich Hegel 1770 bis 1831.

Hegel schleppt Kant zu den Ufern des Jordan und tauft ihn mit dem Wassern der Geschichte.

Oder anders ausgedrückt Hegel erzählt die Weltgeschichte als Bildungsroman.

Die Parallele zwischen Geschichte und Literatur war zunächst im Roman ausgenutzt worden. So wie Robinson Crusoe die ganze Zivilisationsgeschichte auf seiner Insel noch einmal wiederholt, so durchläuft jeder Mensch die ganze Geschichte der Kultur noch einmal. Dabei macht Hegel kopernikanische Wende zum Prinzip des geschichtlichen Fortschritts. Worin bestand diese Wende? Sagen wir es noch einmal Der Geist betrachtet zunächst selbstvergessen die Welt und denkt nicht an sich. Das bezeichnen wir als kritischen Standpunkt oder die These. Dann verwandelt Hegel sich in Immanuel Kant und wendet den Blick zurück auf sich selbst, um seine eigene Beteiligung am Ergebnis der Erkenntnis herauszufiltern. Das ist der kritische Standpunkt oder die Antithese, und schließlich mutiert Kant als Statthalter des Weltgeistes zum Philosophen Hegel selbst und erkennt, dass dieser Gegensatz nur eine vorübergehende Durchgangs Stufe der Entwicklung ist, die Hegel zur höheren Einheit gebracht wird, womit die geschichtsphilosophische Einsicht erlangt ist. Oder die Synthese. Anders gesagt Zuerst erscheint der Geist als Ding an sich, dann entdeckt sich das Bewusstsein selbst. Der Geist erscheint in der Form des Für sich, und schließlich erscheint der Geist in der geschichtsphilosophischen Synthese des an und für sich ein von Hegel geprägter und noch heute geläufiger Ausdruck. Die Synthese bedeutet, dass beide Seiten des Widerspruchs im dreifachen Sinne aufgehoben sind. Sie sind zugleich negiert und auf eine höhere Ebene gehoben. Mit anderen Worten Sie sind zu Momenten eines neuen Zusammenhangs geworden.

Sie wurden relativiert, Kontextualisierung entschärft und dadurch in Erfahrung verwandelt. Die neue Synthese wird dann wieder zum Ausgangspunkt eines neuen Durchlaufs. Es ist so, als ob nach jeder Runde einen Boxkampf beide Gegner ausscheiden. Dafür aber der Schiedsrichter gegen einen neuen Gegner. Die nächste Runde bestreiten muss. Dieses Prinzip nennt Hegel Dialektik. Er erhebt es zum Entwicklungs Gesetz der Weltgeschichte. Die Bewegung verläuft immer Bewusstsein zum Selbstbewusstsein und zum absoluten Wissen. Wie sieht das nun aus, wenn es in historischer Form konkret wird? Das naive Bewusstsein projiziert seine eigene Zerrissenheit in die Welt und unterscheidet in vier zwischen Diesseits und Jenseits. Das mittelalterlich religiöse Bewusstsein nimmt das Selbstbewusstsein, die historische Gestalt der Aufklärung an. Das ist die rationale Antithese zur mittelalterlich religiösen

Einstellung. Aber die Synthese ist erst gefunden, wenn sich die Vernunft in der äußeren Welt selbst die Gesetze gibt und realisiert. Das ist in der Sittlichkeit der Fall. Diese Synthese wird zur neuen These nach dem Gefühl, die Welt verbessern will. Dann nimmt der Weltgeist den Namen Rousseau an, setzt sich die Jakobiner auf und beginnt die Revolution. Wie in einem Bildungsroman steigt der Weltgeist über die Stufen seiner Irrtümer, die Treppe zunehmender Einsicht hinauf, bis er bei Hegel selbst den ultimativen Treppenabsatz erreicht hat. Das ist der Zustand der absoluten Selbst Transparenz oder Einsicht. Hier wird der absolute Geist seine eigene Erinnerung. Die Geschichte der Identität und die Identität der Geschichte der Versöhnung.

Mit diesem Entwurf verklammert Hegel Geschichte und Philosophie in der Form des Romans, denn auch der Roman macht eine kopernikanische Wende. So wie das transzendentale Ich nicht mehr Teil der empirischen Welt ist, sondern ihr Ursprung, zieht sich auch der Erzähler aus der Romanwelt zurück, um das Geschehen aus der Perspektive des Helden erzählen zu können. Dieser erweitert über eine Serie von Krisen seinen Horizont zunehmend. Bis er am Ende seine eigene Geschichte durchschaut und den Wissensstand des Erzählers erreicht hat. In derselben Weise stellt Hegel seine Erzählperspektive auf den Horizont einer jeden Epoche ein. Die Differenz zwischen dem beschränkten Zeitgeist und dem, was ihm entgeht als dialektischen Widerspruch, führt den Weltgeist über eine Serie von dialektischen Krisen zur Einsicht in seine eigene Geschichte.

Bis diese schließlich mit dem allwissenden Hegel gleichziehen. Damit machte Hegel die Menschen zu Romanfiguren. Sie hatten nun eine Rolle in der Weltgeschichte und konnten sich als Geburtshelfer des Geistes bewähren. Wehe den, der sich dem Gang der Geschichte entgegenstellt, der wurde gnadenlos zermalmt.

Mit Hegel zieht also ein neues Szenario ins Denken Europas ein und wird gleich zum alles beherrschenden realitätsnäher Modell. Die Geschichte von diesem Zeitpunkt an wurde um die Interpretation der Geschichte gekämpft. Wer die Deutungshoheit erobert hatte, hatte gewonnen. Denn damit hatte er das Recht erworben, die Macht zu übernehmen, um die Geschichte in seinem Sinne voranzutreiben. Exklusiv Anspruch wurden Ideologien genannt Mit Hegel beginnt das Zeitalter der Ideologien, die historisch begründet werden.

Hegels Philosophie breitete sich besonders in Deutschland und Russland aus, wo die Intellektuellen kaum praktische Erfahrungen mit der Politik hatten sammeln können, da sie die Wirklichkeit mit einem Roman verwechselten, wurden sie zu Don Quijote.

Das ist der Grund, warum verglichen mit westlichen Ländern in Deutschland im 19. Jahrhundert kaum große Romane hervorgebracht wurden. Man hatte ja den Roman der Geschichte, der größte Romancier Hegel und seinen eifrigsten Leser Karl Marx.

Karl Marx 1818 bis 1883.

Hegel hat eine Menge Söhne und teils beerdigen. Karl Marx tut beides. Er übernimmt das ganze Modell mitsamt der Dialektik als Motor der Geschichte, aber vom Kopf auf die Füße. Für ihn ist die Realität nicht geistig, sondern materiell entscheidend für eine Kultur, in der eine Gesellschaft für ihr eigenes materielles Überleben sorgt, also ihre Wirtschaftsverfassung im landwirtschaftlich geprägten Feudalismus, im industriell geprägten Kapitalismus die Bourgeoisie und der dialektische Widerspruch zwischen Bewusstsein und Selbstbewusstsein, sondern der zwischen Produktionsbedingungen und der ungleichen Verfügungsmacht über die Produktionsmittel zwischen Arbeit und Besitzverhältnissen.

Dieser Widerspruch führt zur Aufteilung der Menschen in Klassen. So ist der Motor der Geschichte der Klassenkampf. Und dann wird Marx doch wieder Hegel, Janisch den Widerspruch zwischen dem bloßen Bewusstsein und dem Selbstbewusstsein einer Klasse.

Dieses Selbstbewusstsein nennt Marx das Klassenbewusstsein, in dem der Wille zur Revolution heranreift. Unter diesen Prämissen ist für Marx der faszinierendste Vorgang der Geschichte das Drama der Französischen Revolution.

Aus den Widersprüchen der feudalen Gesellschaft geboren, wird sie zum Modell für das, was man erwarten darf, wenn die Widersprüche des Kapitalismus die Klassengegensätze auf die Spitze getrieben haben. Das ist dann der Fall, wenn den verarmten Massen von Proletariern Kapitalisten gegenüberstehen, die sich die ganze Verfügungsmacht an den Produktionsmitteln durch Ausbeutung der Arbeiter unter den Nagel gerissen haben.

Um Ausbeutung handelt es sich deshalb, weil die Kapitalisten den Arbeitern nicht den Gegenwert ihrer Arbeitsleistung, sondern nur ein Existenzminimum zahlen und den sogenannten Mehrwert als ihren Profit kassieren. Sie schaffen das umso leichter, als sie vernebelte Ideologien verbreiten wie die von den objektiven Gesetzen des Marktes. Und weil das Geld den Sinn für Werte verwehrt, wird der Preis einer Ware wie ihr objektiver Wert. In Wirklichkeit aber ist er nur ein Feigenblatt für ungerechte Besitzverhältnisse. Die erste Aufgabe des Marxisten besteht deshalb in der Zerstörung des ideologischen Scheins. Ideologien erkenne man daran, dass die Kapitalisten ihr Interesse als Interesse der Gesamtgesellschaft verkauften. Damit wird alle bürgerliche Kultur verdächtig. Und so wird der Marxismus zur hohen Schule, der Demaskierung. Die Symbole Systeme der Zivilisation werden entlarvt. Das hat ganze Generationen von Detektiven hervorgebracht, die Gott und die Welt demaskiert und die Überführung von getarnten Unterdrückern zu ihrer Hauptbeschäftigung gemacht haben. Der universale Ideologie Verdacht verpasste dem Marxismus ein Immunsystem, weil es jeden Gegner zum Anwendungsfall der Theorie machte. Wer dagegen ist, ist ein Klassenfeind oder ideologisch verblendet.

Arthur Schopenhauer 1788 bis 1860.

Hegel zu beerdigen, hat sich Schopenhauer Hilfe geholt Seine Helfer sind Thomas Hobbes und Buddha, aber sein Ausgangspunkt ist Kants Feststellung, dass die Welt nur in Übereinstimmung mit unseren Kategorien erkennbar und das Ding an sich selbst unerkennbar sei.

Richtig, sagt Schopenhauer und verwandelt sich für einen Moment in die Welt, ist uns nur in Form unserer illusionären Vorstellung gegeben. Mit einer Ausnahme das eigene Ich. Das ist uns auch als Ding an sich gegeben.

Ich kenne es von außen und von innen. Und was ist das Wesen des Ich? Der Wille zum Leben?

Dass ich als Subjekt, das ich als Objekt seiner eigenen Betrachtung Vorstellung. Schopenhauer so weit gekommen war, nannte er sein Hauptwerk **Die Welt als Wille und Vorstellung.** Denn was für das Ich gilt, gilt auch für die ganze Realität hinter ihrer Außenseite. Als Vorstellung ist sie Wille.

Die Materie der Körper ist Objektivierung des Willens. Dieser Wille ist eine Variante von Hopps Selbsterhaltungstrieb. Er ist blind, grundlos und unersättlich. Er offenbart sich in unterschiedlichsten Formen vom Magnetismus über organische Stoffwechselprozesse bis zum

Bewusstsein. Hier riecht man den strengen Geruch Hegels. Und er hat nur sich selbst zum Ziel.

Daraus zieht Schopenhauer eine äußerst trübsinnig Folgerung. Da will er Begierde und Begierde unersättlich.

Hier verwandelt sich Schopenhauer in Hops und landet in dessen schwarzer Anthropologie oder Auffassung vom Menschen.

Das Leben ist ein Leidensweg der Unlust, eine Via Dolorosa. Man hat nur die Wahl zwischen Angst und Sorge. Darin nimmt Schopenhauer Heidegger vorweg.

Zwei Wege führen aus diesem Jammertal heraus Der erste verläuft über die Betrachtung der Kunst. Hier übernimmt Schopenhauer die Kunst, die Begierde. In der Kunst wird zudem der Schleier der Illusion beiseite gezogen, und der Wille enthüllt sich als individuelles Prinzip hinter den Einzeldinge. Diese Einsicht gewinnen wir am deutlichsten im Rausch der Musik.

Dies ist eine Idee, die vor allem Wagner und Nietzsche und schließlich auch Hitler beeinflusst hat. Der zweite Weg zur Erlösung führt über die Verneinung und Abtötung des Willens. Da der Wille das Wesen der Realität ist, liegt das Ziel der Erlösung im Nirwana. Hier landet Schopenhauers Philosophie im Buddhismus.

Schopenhauer Hegels Optimismus um die sich steigernden Formen des Bewusstseins hinter den Erscheinungsformen Bewusstlosen, Bewusstlosen, vom Heroismus im Dienst der Geschichte erzählte, vom sinnlosen Leiden.

Statt immer Neues, immer das gleiche Stadtgeschichte Geburtshilfe bei der Geschichte empfiehlt, sie zu beenden.

Zwei antike japanische Schulen.

Es ist so, als habe Schopenhauer die neuen Glaubenskriege vorhergesehen. Optimismus Hegels in der Form des Marxismus ausgelöst hat. Denn oft hört sich Schopenhauer an realem Glaubenskriege.

Mit seiner Entscheidung, das Leben selbst zum Prinzip der Realität zu erklären, hat Schopenhauer zwei spätere philosophische Schulen inspiriert erstens den Vitalismus und die sogenannte Lebensphilosophie. Wichtigster Vertreter war der Franzose Henri Bergson, aber am einflussreichsten wurde diese Richtung in Deutschland Zu ihren Grundzügen gehört, dass sie den Fluss des Lebens gegen die Trennschärfe des Gedankens ausspielt, den Irrationalismus gegen die Vernunft, den Rausch gegen die Nüchternheit und den Bauch gegen den Kopf. Die zweite von Schopenhauer inspirierte philosophische Schule ist die Existenzphilosophie gegen die Unterordnung des

Einzelmenschen unter den Sinn des Hegelschen, betont sie.

Die Reduzierbar Existenz, Sorge, Angst und Unsicherheit. Diese Seite des Daseins kehrt gegen Hegel schon der dänische Philosoph Sören Kierkegaard heraus, indem er über die Risiken menschlicher Entscheidungen grübelt.

Die Marxisten haben die Existenzphilosophie und die Lebensphilosophie wegen ihrer Feindlichkeit als bürgerliche Ideologie bekämpft. Und tatsächlich zeigt sich an ihnen, dass das Bürgertum sich nichts mehr von der Geschichte versprach.

Friedrich Nietzsche 1844 bis 1900.

Nietzsche ist zweifellos der größte Schocker unter den Philosophen. Er ist ein Philosoph.

So verzichtete er darauf, seine Gedanken systematisch zu entfalten und stattdessen in die poetischen Formen des Aphorismus, der Prophetie des Bekenntnisses oder gar des lyrischen Gedichts. Und dann scheute er nicht davor zurück, seinen Abschied von der normalen Philosophie durch Widersprüchlichkeiten und Paradoxien zum Ausdruck zu bringen, sodass man ihn für entgegengesetzte Positionen in Anspruch nehmen kann. Sein zentrales Paradox lässt sich am besten mit Blick auf Hegels Konzept anhand des Begriffs des Zeitgeistes erläutern. Wenn man mithilfe von Hegel weiß, was der Zeitgeist ist, kann man auch gegen ihn Stellung nehmen.

Dann steigt man aus der Geschichte aus. Nach dem Ende des Christentums das umfassendste Schema darstellt aus dem Sinn aus.

Erst wenn der Mensch auf die Tröstungen Sinngebung verzichtet, gewinnt er seine wahrhaft durch das Christentum in die Welt gebracht. Nach dem Tode Gottes wird der Mensch selbst zum Übermenschen.

Dann gewinnt er wieder die vorchristliche Heiterkeit der griechischen Tragödie. Das

Paradoxon nachvollzogen, an dem Nietzsche den Übermenschen erkennt, in Freiheit zu bejahen, was notwendig geschehen muss, einschließlich Leid und Tod, verbindet das Reich der Notwendigkeit und der Kausalität mit dem freien Willen. Mit dieser Haltung kann man auf den Sinn der Geschichte verzichten, sich vom Zwang des Zeitgeistes befreien und die Geschichte illusionslos durchschauen als das, was sie ist die ewige Wiederkehr des Gleichen.

So bekämpft Nietzsche die jüdisch christlichen Anteile unserer Kultur, um die griechischen Ursprünge einer aristokratisch ästhetischen Lebenshaltung freizulegen.

Mit dieser Distanzierung wird er zum hellsichtigen Zeit Diagnostiker eine Epoche, die sich mit ihren Illusionen nur die Einsicht in ihren eigenen Nihilismus versperrt. Man hat gute Gründe dafür gefunden, dass Nietzsche mit seinen Schlagworten Sklaven, Moral, dem Recht des Übermenschen, dem Willen zur Macht, der Umwertung aller Werte und dem Lob der blonden Bestie die Nazis und Hitler inspiriert hat. Andere haben ebenso gute Gründe dafür gefunden, dass er Typen wie die Nazis als elende Spießer verachtet hätte. Wahrscheinlich stimmt beides.

Freud und die Psyche.

Marx, Darwin, Einstein sie alle haben unser Bild von der Welt so verändert, dass die Eitelkeit des Menschen dabei jeweils einen weiteren Fußtritt erhielt. Marx hat uns erzählt, dass unsere Kultur und unser ganzes Bewusstsein von ökonomischen Bedingungen bestimmt werden. Auch das ist eine Relativitätstheorie. Bewusstsein ist relativ zu sozialen Positionen. Darwin hat uns erzählt, dass wir nicht, wie wir glaubten, das Ebenbild Gottes sind, sondern die Vettern ersten Grades der Schimpansen.

Und dass der Prozess der Evolution keinen Planer und kein Ziel benötigt und trotzdem nicht ungeordnet verläuft. Schließlich hat Einstein uns auch das noch genommen, was das einzig verlässliche Fundament zu sein schien die Objektivität der physikalisch messbaren äußeren Welt. Das alles hat die Selbstachtung des Menschen gegen null sinken lassen und zum Ausgleich seine Verwirrung auf ein Höchstmaß gesteigert. Aber es sollte noch schlimmer kommen. Dafür sorgte Sigmund Freud. Wohl kein Wissenschaftler hat die Art und Weise, in der sich die Einzelnen in unserer Kultur selbst begreifen, so tiefgreifend verändert wie Freud. Seine Wirkung ist so allgegenwärtig und sein Denken hat so sehr unsere ganze Kultur durchdrungen, dass es schwer ist, sich vorzustellen, wie der Mensch seine Psyche verstand. Ursprünglich, etwa zur Zeit Shakespeares und Montaignes und

Calvins, also im 16. und 17. Jahrhundert, gab es nur eine menschliche Seele, die unsterblich, rational und unveränderlich war.

Das, was wir heute zur Psyche zählen, würden die Leidenschaften und Gefühle und Antriebe und Impulse zum Körper gerechnet was wir Charakter nennen, war abhängig von den Körpersäfte schwarze Galle, Schleim und Blut. Und je nachdem, welcher Saft auf Lateinisch Humor überwog, war man Melancholiker oder Choleriker, ein Wüterich, ein Faulpelz oder ein Luftikus. Waren die Körpersäfte in Unordnung? War das ein Fall der Medizin?

Im 18. Jahrhundert wurde dann zwischen unsterblicher Seele und sterblichen Körper eine Pufferzone eingebaut, die man als Bereich des Mentalen bezeichnen könnte. Vor allem wurde da etwas angesiedelt, das man vorher als bedrohliche Irrationalität angesehen hatte. Die Leidenschaften.

Allerdings konnte man die Leidenschaften erst in die gute Stube hinein lassen, nachdem sie aufgrund eines Veränderungsprozessen alle Rücksichtslosigkeit abgelegt und eine sozial freundliche Natur angenommen hatten. Dann wurden sie auch nicht mehr Leidenschaften genannt, sondern Gefühl, Empfindsamkeit, Sentiment, Sensibilität, Sympathie, Gefühl weitgehend als Mitgefühl verstanden wurde, erhielt es eine moralische Qualität.

Jeder Mensch hat sich mit der Erfindung des Menschen eine Art mentaler Innenraum auf, indem er seine Stimmungen, Gefühle, Seelenzustände und inneren Bewegungen sowie seine Erschütterungen spontane Reaktionen lokalisierte.

Im 19. Jahrhundert wurde die unsterbliche Seele in ihrer Rationalität ganz unmerklich von zwei Instanzen beerbt dem Intellekt, dem jetzt häufig die unangenehme Eigenschaft der Kälte nachgesagt wurde, und dem Charakter, der gegenüber dem weichen Gefühl, die moralisch positive Qualität hatte, fest zu sein und sich nach Grundsätzen und Prinzipien zu richten. Diese psychischen Instanzen wurden durch die Stereotypen der Geschlechterrollen eingefärbt.

Die Frauen wurden zu Spezialistinnen des Gefühls, ihre eigentliche Domäne war der Atmosphäre Wohnsitz des Seelischen. Den Männern dagegen blieb das eher unangenehme, aber notwendige Doppelpack des kalten Intellekts und des moralisch gefestigten Charakters. Das entsprach der Arbeitsteilung der Geschlechter. Während der Mann in Beruf und Öffentlichkeit mit kaltem Intellekt die wirtschaftlichen Interessen der Familie wahrnahm und ihre gesellschaftliche Respektabilität durch seine Charakter Festigkeit repräsentierte, brachte die Frau im Innenraum der Familie diese Härten wieder durch das Lösungsmittel des seelischen Schaumbad der Gefühle zum Schmelzen.

War das Gefühl spontan nicht immer der Kontrolle zugänglich, wurde diese unwillkürlich als Zeichen der Echtheit und damit als Gütesiegel gewertet, zeigten sich aber doch unklare Impulse, die zu Misstrauen Anlass gaben. Wurden sie als Symptom eines schlechten Charakters interpretiert und der Person als Schuld zugerechnet? Man unterstellt, dass die Person im eigenen Haus sei und ihre Gefühle und ihre Psyche entsprechend unter Kontrolle habe. Laster, Schwächen, Obsessionen, Süchte wie Alkoholismus, Zwänge et cetera wurden moralisch geächtet. Jedem wurde die Freiheit unterstellt, bei entsprechender Anstrengung auch wollen zu können, was er sollte. Wenn er nicht konnte, wurde gedacht, dass er nicht wollte. Genau das hat Freud umgedreht. Wenn heute jemand nicht will, denkt man sofort. Freud hat die Moral abgeschafft und die Psychologie an ihre Stelle gesetzt.

Das hat das Haus der Psyche um ein weiteres Apartment erweiterte das Unbewusste. Seitdem ist der Mensch nicht mehr Herr im eigenen Hause. Er hat vielmehr einen Mitbewohner, der ihn aber steuert und lenkt, ohne dass er es bemerkt. Freud nennt ihn wegen dieser Unsichtbarkeit auch das. Damit ist die alte religiöse Vorstellung der Besessenheit wieder zurückgekehrt und mit ihr auch die Praxis des Exorzismus der Teufelsaustreibung.

Allerdings gibt es einen entscheidenden Unterschied Im Exorzismus dachte man sich den Teufel als eine fremde Besatzungsmacht, die von draußen kam und wieder dahin vertrieben werden musste. Bei Freud dagegen hat die Person selbst das, was sie nicht ertragen kann oder was unerlaubt ist, von sich abgespalten. Freud nennt das Verdrängung und unkenntlich gemacht, sodass sie es gar nicht mehr wahrnimmt. Doch das tritt nun inkognito auf und in dieser Maskierung lässt sie Dinge tun, die sie nicht will. So macht sich unwillkürlich bemerkbar, wenn die Person mal die Kontrolle lockert. Man spricht geradezu von Fehlleistungen, wenn man etwa immer wieder einen Namen vergisst. Eine totale Wachablösung stattfindet und das Kommando übernimmt. Wenn das Bewusstsein sich schlafen legt, dann feiert der unbewusste Karneval. Die Träume, das sind die Botschaften des Unbewussten an das Bewusstsein. Aber sie sind in einer unverständlichen Symbolsprache verschlüsselt.

Das Unbewusste dazu verdammt ist, inkognito zu bleiben. Wer hat es dazu verdammt? Nun das Bewusstsein. Freud nennt es auch das ist die Instanz der Rationalität und des Realismus. Was aber nicht dazu passt, spaltet es ab und verdrängt es, indem es verschlüsselt. Zu diesem Zweck hat Freud noch einen weiteren Gehilfen beigegeben Das Über-Ich enthält das Ideal, das ich es gerne sein möchte. Ideale werden von außen durch Übernahme gesellschaftlichen Normen verinnerlicht. Freud nennt das Internalisierung. Es wird also auch das Fremde nach ihnen geholt. Gleichzeitig wird ihm mit dem Unbewussten aber etwas Eigenes abgespalten und zu etwas Fremdem gemacht. Ist es nicht erlaubt?

Da man sie am Erwachsenen ja nicht mehr wahrnehmen kann, schaut Freud bei den kleinen Kindern um, von da aus auf die verschlüsselten Wünsche des Unbewussten hochzurechnen. Kinder spielen lustvoll mit ihren Exkrementen, fantasieren sich die Welt nach ihren Wünschen zu Recht, schreien wutentbrannt, wenn ihnen etwas fehlt. Sie stellen sich gerne vor, sie seien die Größten, tyrannisieren alles und jeden, wenn sie alle Verantwortung würden, am liebsten, wenn sie ihren Vater erschlagen und mit ihrer Mutter schlafen. Zumal dieser letzte Wunsch es Freud angetan. Da im griechischen Mythos König Ödipus von Theben dieses Experiment tatsächlich durchführt, nennt Freud die daraus entstehende seelische Schuld, verknoteten den Ödipuskomplex. Ödipus durchbricht ein gesellschaftliches Tabu Die Ordnung der Familie beruht, die Söhne, ihre Mütter heiraten wie Ödipus, ließen sich die Generationen nicht mehr auseinanderhalten.

Ehemänner sind die Kategorien der Familie. Jegliche Hierarchie als Voraussetzung der Autorität unmöglich gemacht. Weil dieses Tabu Molekül der Gesellschaft die Familie ermöglicht, kann Freud seine Psychologie zu einer ganzen Gesellschaftstheorie erweitern, in der er uns erklärt, wie aus dem Inzest tabu und dem Familienvater Mort die Gesellschaft, der Staat und die Religion entstehen. Wenn das Unbewusste die eigenen frühkindlichen Wünsche enthält, die dann verschlüsselt wurden, könnte man es ja eigentlich damit bewenden lassen. Und tatsächlich wäre auch nach Freud nichts dagegen einzuwenden, wenn sie nur schön unter Verschluss blieben. Aber das tun sie eben nicht immer. Eigentlich überhaupt nicht. Sie brechen aus. Sie treiben sich herum, mischen sich maskiert unter die Gäste, den Hausherrn, imitieren seine Stimme und kompromittieren ihn gesellschaftlich. Dass er wirklich leidet, dann spricht Freud von einer Neurose. Dann tut man Dinge, die man nicht tun will, dann erkennt man sich nicht wieder. Dann ist es Zeit, für einen Psychoanalytiker aufzusuchen. Der Psychoanalytiker weiß nun, was zu tun ist. Das Unbewusste spricht eine verschlüsselte Sprache. Also muss diese Sprache entschlüsselt werden, und die Verschlüsselung ist die Technik, ich einen Teil seiner selbst von sich abgespalten und als fremd ausgegeben hat. Also besteht die Therapie darin, dass ich dazu zu bringen, anzuerkennen, dass das, was ihm als fremd und befremdlich entgegentritt, diese ängste und Zwänge, dieser Horror, Phobien, Abneigungen, ein Teil seiner selbst sind. Da die Therapie in der Entschlüsselung von geheimnisvollen und rätselhaften Symbolen besteht, hat die Psychoanalyse einen großen Einfluss auf die Literaturwissenschaft ausgeübt. Und eigentlich gibt es kaum eine Disziplin, in der es um Sprache und Symbole geht, die nicht von der Theorie Freuds tief beeinflusst wäre. Am radikalsten aber hat die Psychoanalyse die Form verändert, in der die Individuen über sich selbst reflektieren und sich zum Thema werden Terrain zunächst völlig leergeräumt und dann mit seinen Kategorien besetzt. Sie haben sich verflüssigt und sind durch Währungseffekte bis in die Folklore und das allgemeine Bewusstsein vorgedrungen, sodass sich Millionen Menschen in den Kategorien Freuds, die nie eine Zeile von Freud gelesen haben. In mancher Hinsicht kommt dies einer ebenso tiefgreifenden Kulturrevolution gleich, wie sie die Entdeckung des Gefühls im 18. Jahrhundert bedeutet hat.

In diesem Jahrhundert stark verändert Jeder muss jetzt mit dem Unbewussten des anderen rechnen, bewusst oder unbewusst sein. Auch der Selbstbeobachtung selbst gilt dasselbe. Nun gibt es grundsätzlich zwei Arten, jemand zu diskreditieren. Das setzt Freiheit voraus. Moralisch kann ich nur jemanden anklagen, wenn er auch anders gekonnt hätte. Die andere Form der Diskreditierung ist nicht besser. Er kann nicht anders. Er ist neurotisch, zwanghaft, wahrscheinlich sogar wahnsinnig. Auf jeden Fall aber.

Die Aufspaltung in Bewusstsein und Unterbewusstsein lässt in der Kommunikation mit dem anderen just diese Wahl vergesse ich sein Unbewusstes, urteile ich moralisch und mache ihn für seine Handlungen verantwortlich. Beziehe ich mich dagegen auf sein Unbewusstes, entschuldige ich ihn moralisch, erkläre ihn für unverantwortlich und halte ihn für meschugge. Auf diese Weise kann ich mich auch selbst entlasten. Aber jede moralische Entlastung wird ausgeglichen durch eine Belastung des kognitiven Selbstwertgefühls. Kurzum Man hat die Wahl, ob man lieber ein Schurke oder ein Wahnsinniger sein möchte oder in der milderen Form ein Egoist oder Neurotiker.

Der Erfolg hat aber sicher eher mit der Hoffnung zu tun, die sie als Geschenk im Gepäck hat. Die Möglichkeit, das eigene Unbewusste zu enträtseln, öffnet für jeden. Die Aussicht auf persönliches Glück scheint auch das Reich der Freiheit. Andererseits ist das Unbewusste ja schon per definitionem so, wie es definiert ist eine Blackbox, in die ich nicht hineinsehen kann. Deshalb hindert mich nichts daran, hier die Quelle aller meiner Probleme zu vermuten. Die Entschlüsselung, die eigene Biografie, das macht uns alle zu Familien, Historikern. Dort entdeckt man den wahren Schuldigen die eigenen Eltern. Sie haben alles falsch gemacht. Ihnen habe ich meine Probleme zu verdanken, denn sie haben mein Leben als Kleinkind beherrscht. Das wiederum hat das Gespräch zwischen den Generationen in einen juristischen Prozess verwandelt. Ankläger ist die junge Generation, Angeklagte sind die Eltern. Das wiederum hat die Elternrolle so äußerst unattraktiv gemacht, weil sie weitgehend mit Schuldgefühlen verbunden wird. Man kann schon die Anklagen von später voraussehen. Sind Ausdrücke wie Komplex,

Verdrängung, Unbewusstes, Projektion, Zustände werden anderen zugeschrieben. Internalisierung. Damit ist die innere Aneignung gemeint. In den allgemeinen Sprachgebrauch der durchschnittlichen Zeitungsleser übergegangen und geläufig geworden. Das betrifft auch einen abgeleiteten Begriff wie Identität, der nichts von Freud, sondern von seinem Schüler Erik Erikson ausgearbeitet wurde.

Nach Erikson baut sich die Identität eines Menschen durch das erfolgreiche Bestehen einer Serie von Krisen auf, deren letzte Identität selbst infrage stellt. Das ist die Phase der Adoleszenz, des Überganges zwischen Jugendlichen und Erwachsenen. Die Gesellschaft gestattet dem jungen Erwachsenen deshalb ein psychosoziales Moratorium, nennt also eine Phase, in der man mit verschiedenen Lebensformen und Beziehungstat herumexperimentiert. Für viele sind diese Phase, das Studium oder die erste Beziehung, die reichste und politischste Episode in ihrem Leben, an die sie sich später mit Nostalgie erinnern. Am Ende hat man dann seine Identität gefunden. Das heißt, man hat seine Psyche mit den Anforderungen der Gesellschaft in Übereinstimmung gebracht. Diese Anforderungen werden ausgedrückt durch das Ensemble von Rollen, die jemand spielt als Vater, als Ehemann, als Sparkassendirektor, als Vorsitzender des Fußballvereins, als Laienrichter, als Parteimitglied etcetera.

Der komplementär zu dem der Identität eine stabile Identität hat, derjenige, der all die verschiedenen Rollen Anforderungen integriert und mit seiner Fähigkeit zu arbeiten und zu leben verbindet. Dabei ist die Identität Stil, indem er all diese Rollen spielt. Er bleibt sich beim Wechsel der Rollen gleich. Der Rollenwechsel setzt eine gewisse Distanz zu den Rollen voraus.

Als Vater benimmt man sich nicht wie ein Vereinsvorsitzender, als Direktor nicht wie ein Vater. Die Faustregel heißt Identität ist das, was gleich bleibt. Beim Wechsel der Rollen und Rolle gleich bleibt beim Wechsel der Spieler. Mit der Identität beschäftigt sich die Psychologie, mit der Rolle die Soziologie. Womit wir gottseidank die Grenze zwischen beiden erreicht haben.

Martin Heidegger 1889 bis 1976.

Seit Platon hat die Philosophie die Welt in eine Vorderbühne und eine Hinterbühne der eigentlichen Realität geteilt.

Kant hat diese Teilung umgedreht und in die Differenz zwischen transzendental und empirisch verwandelt. Nun war der menschliche Verstand zur Hinterbühne geworden, von der aus das Schauspiel der Erfahrung inszeniert wurde.

Heidegger erklärt nun diese platonische Teilung in Hinter und Vorderbühne zur Erbsünde der Philosophie.

Hinter dem Schauspiel der Erscheinung gibt es keine Hinterbühne. Wohl aber gibt es eine transzendentale Struktur, die unser Verständnis der Welt einschließlich der Wissenschaft und Philosophie organisiert und all unserem Denken voraus legt.

Das ist die Form der konkreten Existenz. Diese transzendentale Struktur nennt Heidegger das Sein, um deutlich zu machen, dass es um mehr geht als um bloße Kategorien. Es geht um die mehr Eindimensionalität menschlicher Befindlichkeit mit der Erfahrung der Ich hier jetzt Struktur des eigenen Körpers. Das ist der Ursprung, aus dem alle höheren Kategorien wie Subjekt und Objekt et cetera abgeleitet sind. Erst auf der Basis dieser Struktur gibt es überhaupt so etwas wie Gegenstände der Erfahrung, die ich Aussagen machen kann. Diese Objekte nennt Heidegger Seiendes, Wissenschaft und Philosophie haben bisher überhaupt nur Gegenstände behandelt, die unter die Kategorie Seiendes fallen. Weil Heidecke aber vom Sein der Struktur reden will, die die Wissenschaft erst möglich macht, erfindet er eine bizarre Sprache, mit der er signalisiert, dass die normal. Begriffe in dieser Sphäre.

Menschliche Existenz nennt Heidegger da sein und schreibt dann Sätze wie diesen Das Dasein ist ein Seiendes, dem es in seinem Sein um dieses Sein Selbst geht. Das könnte man folgendermaßen übersetzen Der Mensch existiert auf eine solche Weise, dass ihm die Existenz selbst zum Problem wird. Oder anders ausgedrückt Der Mensch ist dadurch definiert, dass er ein theoretisches, existenzielles Verhältnis zu sich selbst hat. Die Art, wie er dieses Verhältnis gestaltet, ist offen. Deshalb definiert Heidegger die Existenz als sein Können. In dieser Offenheit stößt er dann auf eine Grenze An der Vorwegnahme des Todes erfährt er die Existenz als Endlichkeit. Von da aus bestimmt Heidegger das Wesen des Menschen mit dem Verweis auf die Sanduhr der Zeitlichkeit.

Von oben aus der Zukunft kommen die Möglichkeiten, die zu ergreifen sind, von unten zwängt sich die Vergangenheit durch den Engpass, der Gegenwart, Existenz und Zeitlichkeit gleichsetzt, nennt Heidegger sein Hauptwerk Sein und Zeit. Wegen seiner rätselhaften Sprache haben es nur wenige gelesen und noch weniger verstanden. Trotzdem hat es eine ungeheure Wirkung gehabt und das Lebensgefühl in der Zeit der Weltkriege artikuliert. Diese Wirkung verdankt sich der Tatsache, dass Heidegger den konkreten Menschen just in dem Moment aus dem Hegelschen Schlachthaus der Geschichte befreite, als er in Wirklichkeit darin umgebracht wurde.

Allerdings hat Heidegger 1933 auch eine Verbeugung vor Hitler gemacht, die bis heute unvergessen ist. Aber wenn ihm seine jüdische Geliebte Hannah Arendt die Analytikerin des Totalitarismus verziehen hat, dürfen wir das auch.

Theorie, Szene und Meinungsmacht.

Als die Religion in der Moderne endgültig ins Koma fiel, traten Weltanschauungen an ihre Stelle. Das waren umfassende Erklärungsmodelle, die ursprünglich vor allem in den Werkstätten der Philosophie zusammengezimmert wurden. Im Laufe der Zeit produzierten auch die Einzelwissenschaften große Entwürfe mit Welterklärung. Sie wurden mit Begriffen wie Liberalismus, Marxismus, Darwinismus, Vitalismus et cetera. Die Theorie Szene ist heute ein Meinungsmacht mit schwankenden Wechselkursen. über ihn herrscht dieselbe Göttin wie über andere Märkte, auch die Göttin der Mode. Die Mode hat auf dem Markt so schnell Fuß fassen können, weil die Theorien selbst schon auf Konkurrenz hin angelegt sind. Machen wir uns das noch mal anhand des Marxismus klar. Der Marxismus enthält eine Theorie über das Bewusstsein seines Gegners. Das Bewusstsein des Gegners ist notwendig falsch, weil seine Kassenlage ihn dazu konditioniert, als Kapitalist zu denken. Bewusstsein ist also nur Maskierung von Interessen. Das ist auch bei Marxisten so. Aber sein Interesse ist identisch mit dem der Menschheit selbst. Deshalb ist sein Bewusstsein das richtige. Das hat eine furchtbare Konsequenz zur Folge. Es gibt kein unschuldiges Bewusstsein mehr, Bewusstsein ist moralisch oder unmoralisch. Wer das falsche Bewusstsein macht, sich schuldig.

Das macht Aufklärung. Sie wurde Ideologiekritik genannt, weil im dialektischen Marxismus Ideologie immer falsches Bewusstsein ist. Nach eigenem Verständnis war also der Marxismus keine Ideologie. In dieser Lage entwickelte fast jede Theorie eine Abteilung für allgemeine Verdächtigung aller anderen Theorien. Die Theorien waren sozusagen von Geburt an polemisch. Jede Theorie entdeckte bei der anderen latente verdeckte Strukturen, auf die sie sie relativieren konnte.

Die Konkurrenz der Theorien untereinander wurde zum Spiel. Ich sehe was, was du nicht siehst, und das sind die Strukturen hinter meinem Rücken, die dein Denken konditionieren.

Marxismus?

Die größte Durchsetzungskraft am Markt hatten die Theorien, deren Verdachtes Abteilungen am besten funktionierten. Lange Zeit, genau genommen seit 1968, hatte der Marxismus auf dem Markt in Deutschland eine beherrschende Stellung, weil er im Bereich des Ideologie Verdachts unschlagbar war. Seine Stärke kann man daran ermessen, dass seine Kurse auch dann immer noch unverändert hoch notiert wurden, als unübersehbar wurde, dass er in der real existierenden Wirklichkeit eine Katastrophe anrichtete. Allerdings muss man zugeben, dass er auch im Bereich Sinngebung eine sehr breite Angebotspalette hatte. Jeder Kunde wurde mit einem grandiosen Szenario beliefert, indem er eine heroische Rolle spielen konnte. Und da das Angebot vor allem Intellektuelle ansprach, die ihre Bedürfnisse durch eifrige Missiontätigkeit befriedigen, sorgte der Marxismus durch Verkaufserfolge wieder für seine eigene Verbreitung bei gleichzeitiger Verdächtigung des Gegners. Nach dem Zusammenbruch des real existierenden Sozialismus kam es aber zu einer unübersehbaren Krise, da sich der Marxismus bisher gegenüber Widerlegung in der Realität als immun erwiesen hatte. War das nicht vorhersehbar? Aber nun ist er out. Ob er sich wieder erholt, ist schwer zu sagen. Vielleicht nicht in der alten Form. Und wahrscheinlich wird es Radikalisierung, Sekten, Bildung und theoretische Metamorphosen, das heißt Verwandlungen, geben. Im Augenblick sind selbst die besten Marktbeobachter zurückhaltend.

Liberalismus.

Als Gewinner des real existierenden Bankrotts des Marxismus gilt im Allgemeinen der Liberalismus. Er hat in Deutschland fast keine einheimischen Wurzeln und seine geistigen Väter sind sämtlich Engländer John Adams und John Stuart Mill. In allen englisch sprechenden Ländern gelten sie praktisch als Nationalheiligen. Welches sind die Kerngedanken des Liberalismus? Der höchste Wert ist die Freiheit des Individuums. Deshalb wurden die liberalen Meisterdenker zu Erfindern der Menschenrechte, des demokratischen Verfassungsstaates, der Macht, Kontrolle durch Gewaltenteilung und der Vorstellung vom Eigentum als dem Garanten der Unabhängigkeit des Individuums gegenüber dem Staat. Ferner hat der Liberalismus in der Ökonomie die Vorstellung verbreitet, dass die freie Entfaltung des wirtschaftlichen Egoismus dem Wohle aller diene. Denn was beim Einzelnen wie Raffgier aussehe, werde durch die Zauberkraft des Marktes, durch die unsichtbare Hand in einen Beitrag zur wirtschaftlichen Harmonie im Dienste der Produktivität verwandelt. Deshalb dürfe man das freie Spiel der ökonomischen Kräfte nicht durch staatliche Eingriffe stören. Die Gesetze von Angebot und Nachfrage würden alles zum Besten regeln. Es war vor allem diese Theorie, die vom Marxismus als Ideologie, also als Bemänteln kapitalistischer Interessen entlarvt wurde. Und tatsächlich hat sich der reine Wirtschaftsliberalismus nirgendwo ohne staatliche Eingriffe zum Schutze der Armen durchhalten lassen. Nun hat der Liberalismus ein paradoxes Schicksal erlitten In den westlichen Demokratien war er so erfolgreich, dass er zum Gemeingut aller geworden ist. Deshalb sind die liberalen Parteien an ihrem eigenen Erfolg zugrunde gegangen und in der Regel von den Sozialdemokraten beerbt worden. Andererseits hat der Liberalismus in Deutschland nie wie in den westlichen Demokratien die entscheidende Rolle gespielt. Deshalb gibt es in Deutschland immer noch Nachholbedarf. Die Vorstellung vom Eigentum als dem Garanten der Unabhängigkeit des Einzelnen und als Motiv Quelle für sein staatsbürgerliches Engagement ist hierzulande nie heimisch geworden.

Kommunitarismus.

Nun ist der liberale Traum vom gebildeten Menschen tatsächlich nur ein Traum. Bildung wird dabei als das Vermögen des Individuums verstanden, die Gesellschaft durch die Komplexität seiner Persönlichkeit noch einmal in sich abzubilden und damit aus sich heraus die moralische Bindung zu entwickeln, die die Gesellschaft zusammenhält. Das hat sich als frommer Wunsch erwiesen. überlässt man die Gesellschaft sich selbst, droht sie in vielen Sektoren zu verwahrlosen siehe Kriminalität, Slums, Ghettobildung, Vereinsamung et cetera. Deshalb hat man sich in Amerika auf das Sozialisieren kleiner Gemeinschaften besonnen und lobt deren erzieherische Wirkung. Das Wort Kommunitarismus kommt von englisch community Gemeinde. Man denkt dabei an Nachbarschaften, Dörfer und religiöse Gemeinden. Hillary Clinton hat ein Buch mit dem Titel IT takes Village geschrieben, bei dem man den Titel ergänzen muss. Zu Advocate, zu Deutsch Es bedarf einer Gemeinde, um ein Kind zu erziehen. Man huldigt also einer Rhetorik der individuellen, engen Gemeinschaft Priorität, das heißt Vorrang vor dem Einzelnen eingeräumt wird. In Amerika mit seiner starken liberalen Tradition ist das unverdächtig. Mit seinem schwindsüchtigen Liberalismus knüpft es an anrüchige Traditionen an. Sowohl die Sozialisten als auch die Konservativen hatten die Gemeinschaft immer schon gegen die Gesellschaft der Individuen ausgespielt. Das Ausscheren, aus der Gemeinschaft verdächtig gemacht, hatte den Konformismus beflügelt und die Abweichung bestraft. Schließlich hatten die Nazis die Gemeinschaft zur Volksgemeinschaft überhöht und jedes Ausscheren als Verrat verfolgt. Obwohl Deutschland sehr viel stärkere Kommunitarismus Traditionen hat als Amerika, müssen diese, weil sie recht sind, heute noch nach Amerika exportiert, dort zwischengelagert und etikettiert und Ree importiert werden, um als intellektuelle Handelsware hierzulande zugelassen zu werden. Andererseits herrscht aber eine ausgesprochene Nachfrage nach Kommunitarismus Theorien. Sie haben nämlich die Marktlücke besetzt, die der Bankrott des Sozialismus hinterlassen hat. Ob sie sie halten können, hängt davon ab, ob aus den Trümmern des Marxismus Konzerns wieder neue, vitale Theorie Firmen entstehen, die eine aggressive Politik am Markt verfolgen.

Psychoanalyse?

Was der Marxismus für die Gesellschaft ist, die Psychoanalyse für das Individuum.

Sie hat eine Theorie der Entwicklung mit Sündenfall statt Spaltung in Klassen, Abspaltung der Neurose, ein revolutionäres Programm statt Befreiung des Proletariats durch Revolution, Befreiung des Unbewussten durch Therapie und eine äußerst starke Verdachtes Abteilung statt Entlarvung von Ideologien. Demaskierung von Verdrängungen. Schema von Bürgertum Proletariat und entspricht die Aufteilung der Psyche in Unbewusstes und Über-Ich. So wie sich das Bürgertum über seine Beteiligung am Elend des Proletariats selbst hinwegtäuschen. So verdrängte das Ich mithilfe des Über-Ichs das Schmutzige, Peinliche, Unbewusste. So wie die Kommunisten den Betrieben wühlten, im Untergrund konspiriert, so rumorte das Unbewusste und demaskiert die offiziellen Verlautbarungen des Ich im Witz oder tanzt auf den Straßen im Karneval des Traums. Dagegen setzte ich die Polizei der Verdrängung ein und unterwarf die revolutionären Aufrufe des Unbewussten der Zensur. Freud schilderte die Psyche so wie die zeitgenössischen Sozialisten den kapitalistischen Polizeistaat. Deshalb konnte die Psychoanalyse auch ohne weiteres eine Symbiose mit dem Marxismus eingehen. Das geschah in der sogenannten Frankfurter Schule oder bei einzelnen Theoretikern in unterschiedlichem Mischungsverhältnis von Wilhelm Reich, Erich

Fromm, Theodor W. Adorno, Max Horkheimer, Herbert Marcuse. In dieser Mixtur hatte der Marxismus nach 68 fast eine beherrschende Stellung am Markt erobert, wobei die beiden Verdachtes, Abteilungen des Feudalismus und des Marxismus ihre Kräfte durch Bündelung vervielfachten.

Jede Theorie und jede Meinung konnte von da an nicht nur als kapitalistische Ideologie, sondern auch als Oracles Symptom, als Ausfluss einer ödipalen Verdrängung oder als Maskierung des Wunsches, mit der eigenen Großmutter zu schlafen, demaskiert werden. In den Diskurs der Selbsterfahrung und dem Diskurs der Verdächtigung der anderen. Die gesamte Kultur der Gesellschaft überzog sich mit dem Schimmelpilz des Verdachts. Jeder sah bei dem anderen die Gründe, warum dieser sich selbst nicht durchschauen konnte.

Verdrängungen, Traumatisierungen, Neurosen, blockierenden, Komplexe. Das erklärte die Katastrophen, die man in diesem Diskurs selbst produzierte. Wer will sich schon darüber verständigen, dass er sich selbst nicht durchschaut hat? Darauf reagiert man mit Abwehr, weil man sich nicht ernst genommen und als verantwortliche Person behandelt fühlt. Damit bestätigt man wieder den Verdacht, alles zu verdrängen. Die Psychoanalyse hatte also noch ein anderes Erfolgsrezept am Markt als der Marxismus Sie schaffte selbst die Probleme, deren

Lösung sie sich verkaufte. Das machte den Markt unersättlich. Je mehr Psychoanalyse sich verbreitete, desto mehr Nachschub war nötig. Es war wie bei einem Getränk, das Durst macht, eine Art sich selbst reproduziert, das Bedürfnis, kurzum eine Droge. In ihrer sozialen Funktion können also die Psychoanalytiker mit einer Drogenmafia verglichen werden. Sie schaffen das Bedürfnis, dass sie zur Quelle ihrer Einkünfte machen.

Dietrich Schwanitz Bildung. Kapitel fünf große Philosophen, Ideologien, Theorien und wissenschaftliche Weltbilder. Teil 2 Es liest Matthias Bonnier. Die Frankfurter Schule Kritische Theorie.

Als Frankfurter Schule bezeichnet man eine Gruppe von Theoretikern aus dem Frankfurter Institut für Sozialforschung, die während der Nazizeit nach Amerika emigrierten, sich dort in zwei Gruppen aufspalten, von denen die eine nach dem Krieg wieder zurückkehrte, um das Institut in Frankfurt neu zu begründen. Die Rückkehrer hießen Max Horkheimer und Theodor W. Adorno. Unter denen, die in Amerika blieben, war der einflussreichste Herbert Marcuse. Es waren diese drei, die mehr als irgendeine andere Gruppe von Theoretikern, wenn man die Meisterdenker Marx und Freud einmal ausnimmt. Die Studentenrevolte von 1968 inspirierte.

Das Bizarre dabei ist, dass sich Adorno und Marcuse diametral widersprachen Adornos Thema war ein vertrackter Zusammenhang, den man sich vielleicht am besten klarmachen kann, wenn man auf einen englischen Zeitgenossen von Marx blickt den Schriftsteller Charles Dickens, Autor des Literatur besprochenen Romans Oliver Twist. Das England von 1850 war erfüllt vom Geist der Reform. Die Reformer bezogen ihre Programme von den liberalen Meisterdenker Jeremy Bentham, James Mill und John Stuart Mill.

Viele ihrer Vorschläge, etwa zur Einrichtung von Arbeitshose und zu Gefängnis, Reform, zur Gesundheit, Überwachung, zur Kriminalitätsbekämpfung und zur Inspektion ganzer Bevölkerungsgruppen im Dienste der Schulbildung oder Seuchenbekämpfung führten zum Aufbau einer rationalen Planung Bürokratie, die die Menschen um des Fortschritts willen einem entwürdigenden Zwang aussetzen. Dickens protestierte gegen diese Art von Reformen, indem er in seinen Romanen die Arbeitsweise Die Schulen, die Gefängnisse und die Bürokratie als wahre Höllen darstellte, in denen brutale Tyrannen die Verwaltungsvorschriften dazu ausnutzten, unschuldige Kinder und Frauen zu quälen. Dickens hatte kein Alternativkonzept, sondern protestierte im Namen des Gefühls und der Menschlichkeit gegen die Entmündigung der Menschen durch die kaltherzig rationale und entwürdigende Tyrannei der modernen Verwaltung. In seinen Augen hatte der Fortschritt die Menschen nicht befreit, sondern so ähnlich wie Dickens mit den Reformen ging es Adorno mit der Rationalität der Aufklärung auf ihr beruhte ursprünglich die Hoffnung der Antifaschisten in ihrem Kampf gegen den internationalen Faschismus.

Aber in der Disziplinierung des Menschen durch Armee, Fabrik und moderne Verwaltung verbündete sich die Rationalität mit der irrationalen Gewalt. Es war so, als ob die Polizei zu den Gangstern übergelaufen wäre. Die Aufklärung war zum Komplizen der finstersten Barbarei geworden. Deshalb nannten Horkheimer und Adorno eines ihrer wichtigsten Bücher Die Dialektik der Aufklärung.

Ihren deutlichsten Ausdruck hatte diese Verflechtung von Irrationalität, mythischer Gewalt und modernster Rationalität in der Fabrik von Auschwitz gefunden. Für Adorno hatten diese Verpflichtung, unsere gesamte moderne Kultur, unsere Sprache und unsere Symbole Systeme durchdrungen. Sie war ein Verhängnis, aus dem es kein Entrinnen gab.

Eine universale Mystifikation und ein totaler Verblendungszusammenhang, den es zu enträtseln galt. Deshalb inspirierte Adorno vor allem Germanisten, die den Faschismus dann in den Texten wiederfinden konnten, aber sonst nichts zu tun brauchten.

Denn die direkte politische Aktion der Studenten hat Adorno nicht unterstützt. Aus diesem Grunde wurde er selbst zum Adressaten von Protesten, die bei ihm, wie manche behaupten, 1969 einen tödlichen Herzanfall auslösten. Marcuse operierte für den entgegengesetzten Weg und inspirierte die studentischen Aktionen. Für ihn war der Spätkapitalismus darin dem Faschismus ähnlich, dass sie beide die sozialen Konflikte ruhig stellten und die Gesellschaft integrierten. Was der faschistische Staat aber nur mit Gewalt und Terror bewerkstelligt, das gelang dem Spätkapitalismus durch die universalen Bewusstseins Manipulation der Kulturindustrie. Hier berührt sich Marcuse mit Adorno. Diese Bewusstseins Verkürzung verschleierte vor allem die Einsicht, dass die Akkumulation der ungeheuren Reichtümer im Spätkapitalismus schon jetzt die Befreiung zum allgemeinen Glück ermöglichte.

Deshalb schrieb Marcuse die Rolle des revolutionären Subjekts, des Handlungsträger Revolution denjenigen zu, die noch nicht in den allgemeinen Verdummung in Zusammenhang integriert waren, weil sie noch zu jung und noch nicht fertig ausgebildet waren. Den Studenten die Schwachstelle des Systems war also da, wo die Integration ins System erfolgte im Erziehungssystem.

Für Marcuse war die Rolle des Katalysators des Auslösers der Revolution von den Arbeitern zu den Studenten gewandert. In ihrer Wirkung auf die Studentenbewegung ergänzen Adorno und Marcuse einander mit Adorno ließ sich alles als Faschismus entlarven. Mit Marcuse konnte man sofort aus ihm ausbrechen. Der höchste Notstand rechtfertigte die höchste Dringlichkeit. Mit Adorno blickte man zurück auf die deutsche Vergangenheit und blieb fixiert auf Auschwitz. Mit Marcuse blickte man tatendurstig in die Zukunft, beseelt vom Optimismus des Reichtums. Der Rückkehrer Adorno verkörperte die deutsche Melancholie Der in San Diego lehrende Marcuse repräsentierte den amerikanischen Optimismus, mit dem sich die junge Generation von ihren Eltern absetzte. Andererseits wurde aber die Sprache einer ganzen Generation von Adorno geprägt, weil sie sich überall auf den universalen Verblendungszusammenhang bezog, war sie zugleich unverständlich und suggestiv. In ihr wurde ständig das Verhängnis beschworen.

Mit ihrem labyrinthischen Satzbau gewann sie etwas Priesterliche, Rätselhaftes, Exotisches.

Adorno Schüler Jürgen Habermas hat die Tradition der Frankfurter Schule eigenständig weitergeführt, indem er die Bedingungen idealer Kommunikation erforschte und sie zur transzendentalen Voraussetzung demokratischer Verständigung erhob.

Darin kam er der wirklichen Funktion der Frankfurter Schule in der bundesdeutschen

Geschichte recht nahe, nämlich der Funktion, bei der Entstehung einer kritischen Öffentlichkeit Geburtshilfe zu leisten. Zugleich hat die Narcos Adornos die Sprache einer ganzen Generation verdorben, sodass sie nur als Jargon weiterlebt. Sie hat die Hirne so benebelt, dass der Unterschied zwischen faschistischen Terror und kapitalistischer Bewusstseins Verkürzung so verschwamm wie der zwischen bürgerlicher Demokratie und totalitärer Herrschaft. Damit hat er die politische Urteilskraft einer ganzen Generation ernsthaft beschädigt.

Die Sprache der Kritischen Theorie ist out. An ihr erkennt man die alten 68er. Freilich setzen diese in vielen Chefsesseln des Kulturbetriebs. Wer da hinein möchte, sollte den Frankfurter Dialekt lernen.

Diskurstheorie Kulturalismus.

Die Diskurs Theorie ist fast die alleinige Schöpfung eines einzelnen Mannes, des Franzosen Michel Foucault. Sein Ausgangspunkt ist ganz ähnlich wie der Adornos Charles Dickens. Ihn interessiert die Modernisierung als Prozess der Disziplinierung. So untersucht er die Geschichte der Institutionen, die auch Dickens beschreibt Kliniken, Gefängnisse. Aber seine Aufmerksamkeit gilt nicht allein der Analyse der Apparatur selbst und ihrer Ordnung, sondern den zugehörigen Diskursen, in denen definiert wird, was das ist ein Irrer, ein Krimineller, ein Kranker, ein pathologischer Fall.

Mit anderen Worten Foucault untersucht die Sprache der Disziplinen, die über die definitionshoheit dessen, was ein Mensch ist, verfügen der Bürokratie, der Wissenschaft, der Medizin, der Psychologie, kurzum der Macht. Sie beschreiben nicht, sondern sie bestimmen. Sie legen fest und definieren mit dem Begriff Transzendenz, schreiben sie. Sie konstituieren, sie schaffen Kranke und Kriminelle.

Wie Petrus haben sie die Macht, den Einzelnen aus dem Himmel der Gesellschaft auszuschließen und die Bedingungen festzulegen, unter denen er eingeschlossen wird. Zu den Bedingungen zählen Rechtsfähigkeit, Verantwortlichkeit, Zurechnungsfähigkeit, Bildung, Ausbildung, Diszipliniertes und Ordentlichkeit etcetera. VKU geht es also wie Adorno um die Verquickung von Sprache und Macht.

Die Herrschaftssysteme der Sprache durch Grenzen als Hoheitszeichen kenntlich gemacht, sind Diskurse. Sein Verfahren besteht dabei aus einer Art Luftbild Archäologie. Die Diskurse selbst sind unterirdisch. Und um sie freizulegen, muss man die Oberfläche des normalen Geredes wegräumen. Um ihre Struktur überhaupt zu finden und zu erkennen, muss man einen ungefähren überblick gewinnen.

Das kann man nur aus der Distanz. Die Diskurs Theorie ist in. Aber um zu verstehen Wieso sollen zunächst drei Verwandte der Diskurs Theorie vorgestellt werden?

Der Dekonstruktivismus, der Multikulturalismus und der Feminismus?

Der Dekonstruktivismus.

Wie die Diskurs Theorie Foucaults Schöpfung ist, so ist auch der Dekonstruktivismus die Schöpfung eines einzelnen Mannes, des Franzosen Jacques Derrida. Um es vorwegzunehmen Derrida startet anderswo als Foucault, aber er landet so nahe bei ihm, dass aus ihrer Vermischung die Grundlagen Theorie des Feminismus und des Multikulturalismus gewonnen werden kann. Derridas Beziehungsproblemen ist einigermaßen schwierig und seine Sprache praktisch unverständlich. Deshalb fangen wir mit einem rätselhaften, lachhaften Satz, der von Professor Galotti stammen soll. Das Schwein trägt seinen Namen zu Recht, denn es ist wirklich ein sehr unsauberes Tier. Was lässt uns dabei stutzen? Es ist die Unterstellung, dass das Schwein schon das Wesen der Unsauberkeit ausdrückt. Tatsächlich ist sie aber ganz willkürlich, und nichts an ihr drückt das Wesen des Schweins aus. Ein Schwein heißt nicht Schwein, weil das Wort treffend das Wesen dieses Tieres bezeichnet, sondern damit wir es nicht mit dem Wort Schwein oder Schwan verwechseln. An sich spräche nämlich nichts dagegen, den weißen Vogel Schwein zu nennen und das Rüsseltiere Schwan.

Dann würde man von Schweinen SE, von Leder und dem Schwein, dem Schloss Neuschwanstein und dem Schwein von Avon sprechen. Merkwürdigerweise hat die Entdeckung eines Wortes völlig willkürlich und mit der Bedeutung nichts zu tun hat, sehr lange auf sich warten lassen. Sie wurde erst von dem Begründer der modernen Linguistik gemacht, den Schweizer Ferdinand de Saussure. Seitdem unterscheiden wir zwischen dem Signifikanten, also der materielle Träger der Bedeutung und dem Signifikat, dem Bedeuteten, also dem inneren Abbild im Geist von Höherer und Sprecher. Die Tatsache, dass diese Entdeckung so spät gemacht wurde, ist Derridas Ausgangspunkt. Um diese Verspätung zu erklären, verweist er auf die Erfindung der phonetischen Schrift der Lautschrift. Sie ist für ihn die Voraussetzung der abendländischen Philosophie.

In der phonetischen Schrift schiebt sich nicht mehr wie in China oder Ägypten ein eigenständiges Zeichen zwischen den Sprecher und das gesprochene Wort. Stattdessen wird das Zeichen auf das laut Bild hin transparent. Das weckt die akustische Täuschung, dass der Sinn eines Wortes unmittelbar anwesend ist. Es unterschlägt die Differenz zwischen Bedeutendem und Bedeutung, weil es das Zeichen als Zeichen unsichtbar macht.

Man meint, direkt auf die Bedeutung zu blicken. Das ist der Grund, dass man den Signifikanten als vom Signifikat getrennten Sonderposten so lange übersehen hat. Man hat eben immer so gedacht wie Professor Galotti. Derrida glaubt nun, dass diese akustische Täuschung das ganze westliche Denken geprägt hat. Da ist durch die Illusion von der unmittelbaren Anwesenheit des Logos, der gekennzeichnet ist, spricht Derrida von Eurozentrismus, weil dieses egozentrische Denken Anwesenheit in den Mittelpunkt stellt. Macht es die dritte Person Singular Präsens?

Das ist zur privilegierten Aussage von der Wahrheit, und nicht etwa Wir waren oder Du wirst sein. Vor allem aber unterschlägt die Selbstständigkeit des Signifikanten, indem er ihn als unwichtig hinstellt und auf einen sekundären Postversand. Diese primäre Asymmetrie setzt sich fort in einer Serie von Begriffen, bei der immer eine Seite höher bewertet wird als die andere.

Etwa Geist, Materie, Mann, Frau, Idee, Gegenstand, Form, Inhalt, Wesen, Erscheinung, Original, Kopie. Aktiv. Passiv geben. Kultur. Natur etcetera. Diese asymmetrischen Gegenangriffe organisieren die symbolische Ordnung unserer Kultur und bestimmen, was Sinn ist. Unser abendländisches Verständnis von Sinn setzt also die Unterdrückung von Teilen unseres Systems voraus, die bei der Herstellung von Bedeutung eine gleichberechtigte Rolle spielen. Mit anderen Worten ist Herrschaft. Die Verdrängung findet schon immer im Zeichensystem statt. In den Texten der Literatur kommt es nun zur Wiederkehr des Verdrängten. Die Text Interpretation kann dem nachhelfen, indem sie durch ein Verfahren den verschütteten Seiten der Gegenbegriff wieder zu ihrem Recht verhilft und sie unter der offiziellen Oberfläche hervorzaubert. Dieses Verfahren nennt Derrida Dekonstruktion. Es ist eine Art Karnevalist des Sinns, indem man alles umdreht und eine umgekehrte Herrschaft errichtet.

Aber diese Herrschaft zugunsten der Einsicht, dass Zeichen und Bezeichnetes, Körper und Geist, Frau und Mann gleichberechtigt sind. Und hiermit landen wir in der Nähe Foucaults.

Weil beide, Derrida und Foucault, die Systeme symbolischer Ordnung als subtile, aber allgegenwärtige Repression, Instrumente, Unterdrückung, Instrumente verstehen, sind ihre Analysen besonders in den Kultur und Literaturwissenschaften populär geworden. Unter ihrem Einfluss hat sich Gesellschaftskritik in Kritik an den kulturellen Symbol Systemen verwandelt. Weil die meisten Frauen, die studieren, geisteswissenschaftliche Fächer belegen, wurden hier die Waffen des Feminismus geschmiedet. Diskurs Theorie und Dekonstruktion sind deshalb der Jargon der Literaturwissenschaft, den Jargon Adornos abgelöst von der Konkurrenz um Unverständlichkeit.

Derrida bezeichnet die europäische Kultur nicht nur als egozentrisch, rational, sondern auch als männlich. Die Asymmetrie signifikant Signifikat Bedeutung findet sich wieder in der Asymmetrie. Sie drückt sich sprachlich darin aus, dass der

Mann als Grundmodell des Menschen gesehen wird und die Frau als Abweichung, wie ihn Bäuerin, Politiker, Politikerin. Entsprechend hat die abendländische Kultur sowohl die anderen Kulturen symbolisch enteignet als auch die Kultur der Weiblichkeit kolonisiert.

Von dieser Warte aus Parallelisierung die Feministinnen nun die Kultur der Femininer mit den Kulturen von Dritte-Welt-Ländern und stilisieren sich selbst als kulturelle Minderheit. Ihre Revolte besteht deshalb aus einer Eroberung der Diskurse durch Symbolpolitik.

Dabei bedienen sie sich der Mittel der politischen Korrektheit. Der Sozialismus mit seinem Rechts links Schema ist nach seinem Zusammenbruch von dem gut böse Schema eines Kulturalismus beerbt worden. Der Diskurs Theorie Dekonstruktion und Feminismus gleichermaßen kennzeichnet.

Der Marxismus arbeitete noch mit einer Relativierung des Gegners durch den Nachweis von dessen falschem Bewusstsein. Die Theorien dagegen sind schon ihre eigenen Programme, da sie von den Symbolen Systemen als verkapptem Herrschaftsinstrument handeln. Geht es ihnen um die Eroberung der Diskurse durch eine Form der moralischen Nötigung? Wie sind die Guten, die anderen, die Bösen? Das führt zur Moralisierung des Meinungsmacht, des durch semantische Schaukämpfe und Kampagnen.

Wissenschaft und ihre Weltbilder.

Bei den Wissenschaften unterscheiden wir zwischen den Naturwissenschaften und allen anderen. Diese anderen wurden früher einmal Geisteswissenschaften genannt. Das war aber nur in Deutschland so. Weil man da an den Geist und die Wissenschaften glaubten. Heute findet man das eher peinlich. In den angelsächsischen Ländern spricht man überhaupt nicht von Wissenschaften, sondern nennt die Disziplinen, die sich mit dem Menschen und seiner Kultur befassen. Humanities entspricht das jetzt übliche deutsche Wort Humanwissenschaften.

Dabei haben sich die Wissenschaften von der Gesellschaft, die Sozialwissenschaften, also von den alten Geisteswissenschaften, den Ideologien getrennt, die man jetzt eher Text, Wissenschaft nennt. Im Vergleich zur Philosophie oder gar Ideologie gelten die Wissenschaften als äußerst solide. Philosophie ist immer auch Spekulation, und Ideologie ist eine politische Erlösung. Davon unterscheidet man dann die exakten Wissenschaften. Dabei denkt man natürlich zunächst an die Naturwissenschaften. Sie haben zwei Kontrolle Mittel für ihre Aussagen, die oft miteinander zusammenhängen. Das Experiment und die mathematische Berechenbarkeit ihrer Gegenstände. Es gehört zu dem unerklärten Wundern der Welt, dass sich die Natur in der Sprache der reinen Mathematik ausdrückt.

Ein Wunder ist das deshalb, weil die Mathematik eine Grammatik hat, die an sich auf die äußere Welt gar keine Rücksicht nimmt, sondern ihre Regeln allein aus der Logik interner Relationen gewinnt. Sie ist also das Gegenteil der Natur, nämlich. Und doch tut die Natur so, als ob sie alle Gesetze der Mathematik beherrsche und sich.

Weniger exakt sind die Text und Sozialwissenschaften, aber auch sie haben durchaus solide Kontrollverfahren. Ist es die Detektivarbeit bei der Herstellung exakter Texte? Also Archive durchstöbern, Belege suchen, Kontexte herstellen, Einflüsse aufspüren und alles durch Fußnoten belegen? Ist für die Naturwissenschaft das Erkennungsmerkmal das Experiment?

So ist es in den Text Wissenschaften die Fußnote. Dagegen sind die Sozialwissenschaften wieder mathematischer. Sie haben als Kontrollinstrumente die Statistik, die Tabelle, die Faktoren Analyse oder die Korrelation zwischen verschiedenen Faktoren, etwa die mathematisch beweisbare Korrespondenz zwischen dem Rückgang der Geburten und dem Rückgang der Zahl der Störche. Die Sozialwissenschaften sind aber wie die Wissenschaften sehr viel stärker auf Interpretationen angewiesen.

Die Universitäten und ihre Disziplinen.

Die meisten Disziplinen werden als Fächer an den Universitäten gelehrt und können dort studiert werden. Es gibt aber Fächer, die ihre Einheit nicht aus der wissenschaftlichen Disziplin ableiten, sondern ihr Profil aus der beruflichen Praxis beziehen, auf die sie vorbereiten. So schneidet die Medizin Anteile aus der Biologie und Chemie heraus und kombiniert sie nicht etwa, weil der menschliche Körper ein eigener wissenschaftlicher Gegenstand ist, sondern weil die Praxis der Heilkunde und die Juristerei und die Pädagogik sind überhaupt keine Wissenschaften, sondern Praktiken, die eine gewisse strategische, reflektiertes voraussetzen. Ihre Erfolge haben der Wissenschaft ein ziemliches Prestige eingebracht. Aus diesem Grund haben sich immer mehr Fächer das Kostüm der Wissenschaft angezogen und sich an den Unis etabliert, die in Wirklichkeit akademisch nobilitiert Praktiken sind. Journalismus, Schauspiel, Politologie und verschiedene psychologische Disziplinen zwischen Schamanismus und Hokuspokus. Und auch die Lehrerbildung leidet an einer unklaren Basti! Zwischen Praxis und Wissenschaft, sodass weder die Wissenschaft noch die Praxis zu ihrem Recht kommen und die Lehrer von Anfang an sich an professionelles Maskenspiel gewöhnen.

Der Fortschritt der Wissenschaften?

Nun hat man lange aus dem Erfolg der Wissenschaft auch das Bild ihrer Geschichte gewonnen. Man stellte sie sich als stetige Akkumulation Anhäufung von immer mehr Wahrheiten vor. So wie durch die Entdeckung der Erde immer mehr Land erforscht wurde bis in den sechziger Jahren des vergangenen Jahrhunderts. Thomas Kuhn kam der Wissenschaftshistoriker. Bei seinen Untersuchungen fiel ihm auf, dass die Wissenschaften auch ziemlichen Mumpitz produziert hatten und dass die Widerlegung des Mumpitz auch zu ihrem Fortschritt beigetragen hatte. Also konnte die Wissenschaft nicht nur als Akkumulation von Wahrheiten, sondern musste auch als Akkumulation von Mumpitz beschrieben werden.

Als Thomas Kuhn sich in dieses Problem vertiefte, entdeckte er, dass der wissenschaftliche Fortschritt sich ganz anders vollzog, als man bisher angenommen hatte. Er bestand nicht aus einer stetigen Anhäufung von immer mehr Wahrheiten, sondern aus einer Serie von Legislaturperioden mit wilden Wahlkämpfen und wechselnden Regierungen.

In seinem Buch Die Struktur wissenschaftlicher Revolutionen aus dem Jahr 1962 stellt Thomas Kuhn fest, dass es in jeder Wissenschaft eine herrschende Lehrmeinung gibt, die auf einer Reihe sich ergänzender Leitbegriffe und

Hintergrund Annahmen beruht. Diese Annahmen gelten als selbstverständlich und als nicht Begründungen bedürftig. Sie stützen den wissenschaftlichen Konsens. Ein solches Netzwerk von Begriffen und Annahmen ist mehr als eine Theorie und weniger als eine Weltanschauung. Kuhn nennt es ein Paradigma nach dem griechischen Wort für Modell oder Beispiel.

Die meisten Wissenschaftler sind damit beschäftigt, mit ihren Forschungen das herrschende Paradigma zu bestätigen. Sie bilden sozusagen die Regierung und betreiben normale Wissenschaft. Aber immer gibt es auch eine Minderheit von Nonkonformisten. Sie lassen sich von solchen Problemen faszinieren, die nicht innerhalb des herrschenden Paradigmas erklärt werden können. Natürlich werden sie von der Regierung mit Misstrauen verfolgt und auf den Pfad der Opposition gedrängt.

Da sammeln sie dann immer mehr Fakten und immer mehr Anhänger, bis sie einen Generalangriff auf das herrschende Paradigma unternehmen. Selbst die Regierung übernimmt nun ihre neue Lehre als wissenschaftliches Dogma, etabliert das Verbreiten. Kuhn spricht bei einem solchen Vorgang von wissenschaftlichen Revolutionen. Man könnte auch von einem demokratischen Regierungswechsel sprechen, bei dem nach einem langen Wahlkampf die Opposition die Regierung stürzt und selbst die Regierung übernimmt.

Dieser Prozess ist für die Mitglieder der alten Regierung äußerst schmerzlich, weil damit ihre ganze wissenschaftliche Lebensleistung entwertet und zum alten Eisen geworfen wird. Deshalb verteidigen sie das alte Paradigma bis zum letzten Atemzug. Naturgemäß herrscht die neue Regierung mit dem ihr eigenen Paradigma so lange, bis wieder neue Erkenntnisse gesammelt werden, die nicht hineinpassen. Und dann beginnt der Prozess von vorne.

Thomas Kuhns Forschungen waren selbst revolutionär, weil er das alte Paradigma der gradlinigen Wissenschaft sprengte. Das hat das Bild der Wissenschaft völlig verändert. Seither weiß man, dass das Haus der Wissenschaft kein Kloster ist, in dem asketische Mönche in friedlicher Eintracht an ihren Forschungen arbeiten und in regelmäßigen Abständen sich zu Kongressen versammeln, um gemeinsame Gebete zu murmeln und den Herrn zu loben. Vielmehr ist es ein Parlament, das vom Krach der Kontroversen und dem Lärm der Debatten widerhallt. Wo die Regierung bombardiert wird mit den Entdeckungen der Opposition, die der Regierungs Doktrin widersprechen und wo die Regierung die Opposition mit der geballten Feuerkraft des geltenden Paradigmas beschießt und ihr vorwirft, wegen ein paar Anomalien, die sicher noch geklärt würden, die ganze bewährte Lehrmeinung zu stürzen und Chaos und Anarchie verbreiten zu wollen.

Im Folgenden wollen wir einige Konzepte Revue passieren lassen, die aus dem Schaum wissenschaftlicher Debatten geboren wurden.

Evolution?

Jeder weiß heute, dass die Evolutionstheorie von Charles Darwin in seinem Buch von 1859 Entstehung der Arten entwickelt wurde und das damalige Weltbild revolutionierte.

Folgende Annahmen waren neu und schockierend. Die Bibel mit ihrem Schöpfer ist nicht das Wort Gottes, das wortwörtlich vom Heiligen Geist diktiert wurde, sondern eine ziemlich windige Sammlung von Legenden.

Der Mensch ist nicht unmittelbar aus der Hand Gottes entsprungen, sondern entstammt einer Familie, zu der sehr peinliche Vorfahren zählen wie Schimpansen und Gorillas.

Die Welt ist nicht, wie man bisher immer geglaubt hat, 60 000 Jahre alt, sondern in Jahrmillionen entstanden.

Diese revolutionären Annahmen schufen ein Gefühl temporale Heimatlosigkeit, so als ob man als einsamer Zeitreisende durch leere Räume. Bis zu Darwin war die Vorstellung der Evolution verschiedener Arten durch ein Paradigma blockiert, in dem sich verfeindete Lager gegenüberstanden. Die Uniformität und die Katastrophischen unter der Führung des Geologen Charles Lyle glaubten die Uniformität.

Die Erde und das Leben auf ihr hätten sich während langer Zeiträume unter dem stetigen Einfluss von Kräften verändert, die man auch heute noch beobachten könne. Klima, Witterung, tektonische Verschiebungen die uniforme galten als das wissenschaftliche der beiden Lager.

Unter dem Einfluss von Joschka Fischer konzentrierten sich die Katastrophischen dagegen auf die Brüche in der Entwicklung, die durch die vorgeschichtlichen Funde, die Ablagerungen, die Fossilien und den Vulkanismus belegt zu sein schienen. Daraus leiteten sie die These ab, dass die Erde von einer Reihe von Katastrophen heimgesucht wurde, die wiederholt alles Leben vernichteten und Gott veranlassten, immer wieder neue Arten zu schaffen.

Darwin gelang der Durchbruch deshalb, weil er ein wissenschaftlicher Außenseiter war. Er hatte Theologie studiert, war Hobby, Biologe und wurde deshalb von der Kontroverse gar nicht berührt. Interdisziplinär. Auf der Fahrt zu den Galapagos-Inseln las er den Ökonomen Thomas, der feststellte, dass die Bevölkerung immer schneller wuchs als die Nahrungsmittel Reserven und deshalb die Armenfürsorge nur die Armutsgrenze hinausschieben, aber niemals die Zahl der Armen beseitigen konnte.

Als Darwin auf Galapagos an Land ging, sei die Fülle der Arten mit Mathers Augen und rief Heureka! Er hatte den Druck der

Wachstumsgrenzen der Population als Auslese Prinzip für das Überleben des Bests angepassten Arten entdeckt. Was an der Evolutionstheorie so schwer zu akzeptieren ist, ist nicht nur unsere Verwandtschaft mit den Affen.

Obwohl das eine erhebliche Kränkung der Eigenliebe darstellt. Hinzu kommt, dass man sich einen Subjekt losen Prozess, der nicht geplant ist und kein Ziel hat, aber dennoch nicht chaotisch und unordentlich ist, schlechterdings nicht vorstellen konnte. Das berühmte Argument von palis William Paisley war ein Theologe, der die Überlegung angestellt hatte, dass man bei einem Waldspaziergang plötzlich eine Uhr finden würde, notwendig auf einen Uhrmacher schließen müsse. Und schließlich hat den Juden nachgewiesen, dass die Welt ein Mechanismus wie eine Uhr war.

Also gab es einen Gott, wenn er auch einem Uhrmacher? So war man doch froh, überhaupt reiten zu können. Darwins Idee von einem Prozess, der ohne Planer auskam, weil er sich selbst steuerte, ruinierte deshalb die letzte Hoffnung der Theologen. Die Idee eines sinnvollen Plans und eines Ziels der Naturgeschichte erwies sich als überflüssig. Auch der Mensch verwandelte sich aus der Krone der Schöpfung in ein Übergangsstadium voller Mängel und Unvollkommenheiten, ein Produkt der Umstände und des Zufalls. Ein besserer im Vergleich zu dem Übermenschen, der noch kommen konnte. In Wirklichkeit reproduziert sich das Leben ohne Planer durch Sex. Die beiden Partner hießen Chaos und Ordnung. Sie bildeten die erste Differenz, als es durch Zufall irgendwo mehr Ordnung gab als Drumherum.

In einem Molekül einer Zelle wirkte die Ordnung als Elektion Prinzip, das heißt Auswahl, Prinzip für die Unordnung. Und so entstanden am ersten Tag der Schöpfung die Variation und Selektion. Jetzt brauchen nur noch die selektierten Ordnungen stabilisiert zu werden, um die Evolution in Gang zu setzen.

Das Konzept der Evolution ist mitsamt der Idee des Kampfs ums Dasein und des Überlebens der Tüchtigsten in die Gesellschaft übertragen worden.

Mit der Empfehlung, die Gesellschaft wieder der Natur anzupassen. Man nannte das Sozialdarwinismus wahnsinnig waren die Nazis. Sie ignorierten die Tatsache, dass die Evolution mit den Menschen ihre Geschäftsgrundlage geändert hatte, weil sie eine Art hervorgebracht hatte, die sich in der Kultur eine eigene symbolische und technische Umwelt schuf, und dass die Konkurrenz zwischen verschiedenen Arten nicht auf die Beziehungen innerhalb derselben Art übertragen werden darf. Genau das aber hatten die Nazis getan, indem sie das Konzept der Rassen erfanden wie?

Dieser rassistische Missbrauch der Evolutionstheorie hat das Konzept der Evolution erheblich in Misskredit gebracht. Darwins Theorie in der Biologie heute unbestritten.

Natürlich wurden noch Nachbesserungen angebracht, aber bei jeder Übertragung in andere Felder ruft man Vorsicht, Biologismus, Achtung, Rassismus voraus. Und natürlich ist dieser Alarmismus ein besonderes Merkmal der Deutschen. Aber er ist Unsinn und blockiert das Denken.

Einstein und die Relativitätstheorie.

Die wenigsten haben die Relativitätstheorie vollständig begriffen. Aber der Name der Theorie enthält schon die entscheidende Pointe. Alles ist irgendwie relativ. Das genügt, um das Klima einzufärben. Man weiß dann immerhin so viel, dass die Relativitätstheorie alle alten Sicherheiten über den Haufen geworfen und ein neues Weltbild begründet hat. Und eben das hat ihren Erfinder Albert Einstein zur wissenschaftlichen Vaterfigur und zu einer Art Stellvertreter des lieben Gottes gemacht.

Dazu hat sicher beigetragen, dass Einsteins Wissenschaftler mit den wirren weißen Haaren und dem dichten Antlitz wie eine Ikone göttlicher Allwissenheit wirkt. Aber worum geht es genau? In der speziellen Relativitätstheorie von 1905 und der Allgemeinen Relativitätstheorie 1914 bis 15 revolutioniert Albert Einstein unser Verständnis der Zeit.

So wie die kopernikanische Wende durch eine Revolutionierung unserer Vorstellung vom Raum gekennzeichnet ist, weist Einstein der Zeit einen neuen Platz in unserem Weltbild an, indem er sie wieder enger mit dem Raum verbindet und sie zur vierten Dimension erklärt. Die ersten drei sind Linie, Fläche und Körper. Der Schlüssel zum Verständnis dieser Revolution liegt in der Position des Beobachters. Einstein hatte man den Beobachter gerade aus der Wissenschaft ausgeschlossen, um zu verhindern, dass die Daten der Naturwissenschaft durch subjektive Beimischungen und Standpunkte verfälscht wurden. Einstein holt den Beobachter nun zurück und beobachtet, wie der Beobachter beobachtet. Er ist gewissermaßen der Stand der Wissenschaft Als entscheidende Bedingung der Beobachtung macht er dabei die Lichtgeschwindigkeit aus. Sie kann nicht übertroffen werden, denn sonst würden Ursachen schneller wirken, als sie beobachtet werden könnten. Mit anderen Worten Die Beobachtung aller Gegenstände braucht Zeit. Und je weiter sie weg sind, desto mehr einen Stern, der ein Lichtjahre entfernt ist. Das ist die Strecke, die das Licht bei einer Geschwindigkeit von 300 000 Kilometern pro Sekunde in einem Jahr zurücklegt.

Sehe ich so, wie er vor einem Jahr war. Ich kann ihn, so wie er jetzt ist, gar nicht sehen. Oder anders ausgedrückt Wenn ich ihn sehe, blicke ich immer in die Vergangenheit. Das ruiniert die Vorstellung der Gleichzeitigkeit, sie ist außerordentlich selten. Stellen wir uns vor, ich säße auf einem Stern, der genau auf halber Strecke zwischen zwei Zwillingstürmen schwebt, auf denen jeweils eine Atombombe darauf wartet. Durch ein Signal aus meiner Licht Kanone gezündet zu werden.

Wenn ich auf den Knopf drücke, sehe ich in zehn Minuten auf beiden Sternen eine Explosion. Dann erlebe ich ihre Gleichzeitigkeit aber eben nur in dieser Position. Durch eine Zeitschaltuhr auf zwei Stunden Laufzeit einstellen und mit einem Raumschiff in Richtung eines der beiden Zwillingstürme verlassen, würde ich nach über zwei Stunden Fahrt eine Explosion sehen, obwohl sie doch zur gleichen Zeit stattfinden. Der Ausdruck gleichzeitig ist also relativ zum Standpunkt des Beobachters ohne diese Bezugnahme hat er keinen Sinn.

Um die verblüffenden Konsequenzen zu illustrieren, die sich daraus ergeben, hat der Physiker George Geimer in Anlehnung an Lewis Carrolls Buch Alice im Wunderland eine Geschichte geschrieben mit dem Titel Mister Tompkins im Wunderland. Im Zusammenhang mit einem verwirrenden Kriminalfall, bei dem es um die Feststellung eines Alibis geht, der Tompkins von einem Wissenschaftler mit folgendem Szenario konfrontiert. Am Sonntag trete ein Ereignis ein, Tompkins entfernt lebenden Freund zustoßen, werde die schnellste Verbindung zwischen beiden, könnte er den Freund nicht vor dem nächsten Mittwoch von diesem Ereignis wissen lassen. Wüsste aber umgekehrt Der Freund von diesem Ereignis im Voraus wäre der letzte Tag, an dem er, der Tompkins, darüber verständigen könnte, der vorhergehende Donnerstag gewesen. Für sechs Tage seien die beiden damit voneinander in Bezug auf die Kausalität getrennt. Aber selbst wenn die Geschwindigkeit des Zuges die größte überhaupt erreichbare Geschwindigkeit wäre, was hat das mit Gleichzeitigkeit zu tun? Mein Freund und ich würden unsere Sonntagsbraten doch gleichzeitig essen. Darauf erhält er zur Antwort Nein, eine solche Behauptung würde dann keinen Sinn mehr machen. Ein Beobachter würde Ihnen Recht geben. Aber andere, die ihre Beobachtungen von verschiedenen Zügen ausmachen, würden behaupten, dass Sie Ihren Sonntagsbraten verspeisen, während Ihr Freund gerade freitags Frühstück einnimmt. Dienstags Abendessen. Aber niemals könnte jemand Sie und Ihren Freund gleichzeitig beobachten, während Sie Mahlzeiten einnehmen, die mehr als drei Tage auseinanderliegen. Denn, so wird ihm erklärt, die obere Geschwindigkeit Grenze muss auch von verschiedenen bewegten Systemen aus betrachtet, die gleiche bleiben.

Nach dem Besuch eines Vortrags über Relativitätstheorie ist Mister Tompkins im Traum in ein Land versetzt worden, in dem die Lichtgeschwindigkeit auf 20 Kilometer pro Stunde herabgesetzt ist. Daraufhin erscheint ihm ein Radfahrer in Zufährt, als er ihn seinerseits mit einem Fahrrad einzuholen versucht. Verändert sich sein eigenes Aussehen aber nicht. Und auch der Radfahrer sieht ganz normal aus. Als er ihn schließlich eingeholt hat.

Stattdessen verkürzen sich die Straßen, und als er am Bahnhof ankommt, weil er zu schnell gefahren ist am Bahnhof, sieht er dann zu seinem Erstaunen, wie ein junger Mann von einer alten Dame als Großvater begrüßt wird und seine

Jugendlichkeit damit begründet, dass er sehr viel mit dem Zug fahren müsse und deswegen sehr viel langsamer als die zu Hause gebliebenen.

Das zeigt uns, wie die Welt für uns aussehen würde, wenn wir beim Fahrradfahren durch die Galaxien nicht vom Westwind wie auf der Erde, sondern von Lichtstrahlen vorwärts geschoben würden.

Die Trennung von Raum und Zeit machte dann keinen Sinn mehr. Einsteins Theorien sind seitdem empirisch bestätigt worden. Er hatte Voraussagen gemacht, die inzwischen eingetroffen sind. Im Universum mit seinem absoluten Raum und seiner absoluten Zeit waren die beiden Dimensionen getrennt. Beide waren völlig verschiedene Formen des Abstands der Raumfahrt Distanz unter der Voraussetzung der Gleichzeitigkeit. Die Distanz unter der Voraussetzung der Sukzession Abfolge. Deshalb sagte der Philosoph John Locke, ein Zeitgenosse Solch eine Kombination zweier verschiedener Ideen wird, so vermute ich, in der großen Vielfalt des Denkbaren kaum noch einmal gefunden werden. Diese Verschiedenheit wird bei Einstein wieder eingeschmolzen. Raum und Zeit sind ineinander. Umrechnen war eine absolute Zeit wie bei Newton gibt es nicht mehr. Sie ist vielmehr eine Funktion der wechselseitigen Erreichbarkeit. Einsteins Relativitätstheorie erhielt auch deshalb so viel Resonanz, weil während der Wende vom 19. zum 20. Jahrhundert auch in anderen

Bereichen die Zeit zum Thema wurde. Der französische Philosoph Henri Bergson, ein Begründer der Lebensphilosophie, entdeckte die innere Zeit des subjektiven Erlebens als stetigen Fluss, den er nannte und von der mechanischen äußeren Zeit unterschied.

Denselben Gedanken griffen die Roman Schreiber auf und gestalteten das Fließen der ungeordneten Assoziationen eine endlose Folge von Eindrücken, Körpergefühl, Gedanken, Fetzen, Bildern, Worten und Impressionen als stream of consciousness. Und die Romane von Virginia Woolf enthalten die klassischen Beispiele. Nietzsche hatte mit den Vorstellungen der ewigen Wiederkehr der dionysischen Ektase den Ausstieg aus der Zeit der Geschichte entworfen.

Für Literaten wie Joyce und Proust wurde die Kategorie der Plötzlichkeit interessant, in der sich das Wesen der Dinge jenseits der Zeit als Epiphanie oder plötzliche Erinnerung enthüllt. Die Existenzialisten wie Heidegger setzten der geschichtlichen Zeit der Gesellschaft existenziell begründete Zeitlichkeit des persönlichen Lebenszusammenhang entgegen, die durch geworfenheit Endlichkeit gekennzeichnet sei, und erklärten alle anderen Konzepte zu sekundären Ableitungen.

Kurzum Die Zeit hörte auf, eine feste, unabhängige, objektive Größe zu sein, und wurde relativ.

Freud und die Psyche.

Marx, Darwin, Einstein sie alle haben unser Bild von der Welt so verändert, dass die Eitelkeit des Menschen dabei jeweils einen weiteren Fußtritt erhielt. Marx hat uns erzählt, dass unsere Kultur und unser ganzes Bewusstsein von ökonomischen Bedingungen bestimmt werden. Auch das ist eine Relativitätstheorie. Bewusstsein ist relativ zu sozialen Positionen. Darwin hat uns erzählt, dass wir nicht, wie wir glaubten, das Ebenbild Gottes sind, sondern die Vettern ersten Grades der Schimpansen. Der Prozess der Evolution keinen Planer und kein Ziel benötigt und trotzdem nicht ungeordnet verläuft.

Und schließlich hat Einstein, was das einzig verlässliche Fundament zu sein schien, die Objektivität der physikalisch messbaren äußeren Welt. Das alles hat die Selbstachtung des Menschen gegen null sinken lassen und zum Ausgleich seine Verwirrung auf ein Höchstmaß gesteigert. Aber es sollte noch schlimmer kommen. Dafür sorgte Sigmund Freud. Wohl kein Wissenschaftler hat die Art und Weise, in der sich die Einzelnen in unserer Kultur selbst begreifen, so tiefgreifend verändert wie Freud. Seine Wirkung ist so allgegenwärtig und sein Denken hat so sehr unsere ganze Kultur durchdrungen, dass es schwer ist, sich vorzustellen, wie der Mensch seine Psyche verstand.

Ursprünglich, etwa zur Zeit Shakespeares und Montaignes und Calvins, also im 16. und 17. Jahrhundert, gab es nur eine menschliche Seele, die unsterblich, rational und unveränderlich war. Das, was wir heute zur Psyche zählen, würden die Leidenschaften und Gefühle und Antriebe und Impulse zum Körper gerechnet was wir Charakter nennen, war abhängig von den Körpersäfte schwarze Galle, gelbe Karte, Schleim und Blut.

Und je nachdem, welcher Saft auf Lateinisch Humor überwog, war man Melancholiker oder Choleriker, ein Wüterich, ein Faulpelz oder Winiker ein Luftikus. Waren die Körpersäfte in Unordnung? War das ein Fall der Medizin? Im 18. Jahrhundert wurde dann zwischen unsterblicher Seele und sterblichen Körper eine Pufferzone eingebaut, die man als Bereich des Mentalen bezeichnen könnte. Vor allem wurde da etwas angesiedelt, das man vorher als bedrohliche Irrationalität angesehen hatte.

Die Leidenschaften.

Allerdings konnte man die Leidenschaften erst in die gute Stube hinein lassen, nachdem sie aufgrund eines Prozesses alle Rücksichtslosigkeit abgelegt und eine sozial freundliche Natur angenommen hatten.

Dann wurden sie auch nicht mehr Leidenschaften genannt, sondern Gefühl, Empfindsamkeit, Sentiment, Sensibilität, Sympathie, Gefühl. Weitgehend als Mitgefühl verstanden wurde, erhielt es eine moralische Qualität. Diese edle Seite besichtigte Jeder Mensch hat sich mit der Erfindung des Gefühls eine Art mentaler Innenraum auf, indem er seine Stimmungen, Gefühle, Seelenzustände und inneren Bewegungen sowie seine Erschütterungen spontane Reaktionen lokalisierte. Im 19. Jahrhundert wurde die unsterbliche Seele in ihrer Rationalität ganz unmerklich von zwei Instanzen beerbt dem Intellekt, dem jetzt häufig die unangenehme Eigenschaft der Kälte nachgesagt wurde, und dem Charakter gegenüber dem weichen Gefühl, die moralisch positive Qualität hatte, fest zu sein und sich nach Grundsätzen und Prinzipien zu richten.

Diese psychischen Instanzen wurden durch die Stereotypen der Geschlechterrollen eingefärbt. Die Frauen wurden zu Spezialistinnen des Gefühls, und ihre eigentliche Domäne war der Atmosphäre. Den Männern dagegen blieb das eher unangenehme, aber notwendige Doppelpack des kalten Intellekts und des moralisch gefestigten Charakters. Das entsprach der Arbeitsteilung der Geschlechter. Während der Mann in Beruf und Öffentlichkeit mit kaltem Intellekt die wirtschaftlichen Interessen der Familie wahrnahm und ihre gesellschaftliche Respektabilität durch seine Charakter Festigkeit repräsentierte, brachte die Frau im Innenraum der Familie diese Härten wieder durch das Lösungsmittel des seelischen Schaumbad der Gefühle zum Schmelzen. Das Gefühl, spontan und in seinen Regungen nicht immer der Kontrolle zugänglich, wurde diese unwillkürlich als Zeichen der Echtheit und damit als Gütesiegel gewertet, zeigten sich aber doch unklare Impulse, die zu Misstrauen Anlass gaben. Wurden sie als Symptom eines schlechten Charakters interpretiert und der Person als Schuld zugerechnet?

Man unterstellt, dass die Person im eigenen Haus sei und ihre Gefühle und ihre Psyche entsprechend Selbstsucht unter Kontrolle habe. Laster, Schwächen, Obsessionen, Süchte wie Alkoholismus, Zwänge et cetera wurden moralisch geächtet.

Jedem wurde die Freiheit unterstellt, bei entsprechender Anstrengung auch wollen zu können, was er sollte. Wenn er nicht konnte, wurde gedacht, dass er nicht wollte. Genau das hat Freud umgedreht. Wenn heute jemand nicht will, denkt man sofort. Freud hat die Moral abgeschafft und die Psychologie an ihre Stelle gesetzt. Das Haus der Psyche um ein weiteres Apartment erweitert. Das Unbewusste. Seitdem ist der Mensch nicht mehr Herr im eigenen Hause. Er hat vielmehr einen Mitbewohner, steuert und lenkt, ohne dass er es bemerkt. Freud nennt ihn wegen dieser Unsichtbarkeit auch das. Damit ist die alte religiöse Vorstellung der Besessenheit wieder zurückgekehrt und mit ihr auch die Praxis des Exorzismus der Teufelsaustreibung.

Allerdings gibt es einen entscheidenden Unterschied Im Exorzismus dachte man sich den Teufel als eine fremde Besatzungsmacht, die von draußen kam und wieder dahin vertrieben werden musste.

Bei Freud dagegen hat die Person selbst das, was sie nicht ertragen kann oder was unerlaubt ist, von sich abgespalten. Freud nennt das Verdrängung und unkenntlich gemacht, sodass sie es gar nicht mehr wahrnimmt. Doch das tritt nun inkognito auf und in dieser Maskierung lässt sie Dinge tun, die sie nicht will. So macht sich unwillkürlich bemerkbar, wenn die Person mal die Kontrolle lockert.

Man spricht geradezu von sonstigen Fehlleistungen, wenn man immer wieder einen Namen vergisst. Es gibt sogar Zeiten, in denen eine totale Wachablösung stattfindet und das Kommando übernimmt. Wenn das Bewusstsein sich schlafen legt, feiert der unbewusste Karneval im Traum. Die Träume, das sind die Botschaften des Unbewussten an das Bewusstsein. Aber sie sind in einer unverständlichen Symbolsprache verschlüsselt. Das Unbewusste dazu verdammt ist, inkognito zu bleiben.

Wer hat es dazu verdammt? Das Bewusstsein. Freud nennt es auch das ist die Instanz der Rationalität und des Realismus. Was aber nicht dazu passt, spaltet es ab und verdrängt es, indem es verschlüsselt. Zu diesem Zweck hat Freud noch einen weiteren Gehilfen beigegeben das Über-Ich. Es enthält das Ideal, also das Ich, wie es gerne sein möchte Ich.

Ideale werden von außen durch Übernahme gesellschaftlichen Normen verinnerlicht. Freud nennt das Internalisierung. Es wird also auch das Fremde nach ihnen geholt. Gleichzeitig wird ihm mit dem Unbewussten aber etwas Eigenes abgespalten und zu etwas Fremdem gemacht. Die Triebe, die die Gesellschaft nicht erlaubt. Da man sie am Erwachsenden ja nicht mehr wahrnehmen kann, schaut Freud bei den kleinen Kindern nach. Von da aus auf die verschlüsselten Wünsche des Unbewussten hochzurechnen also.

Kinder spielen lustvoll mit ihren Exkrementen, fantasieren sich die Welt nach ihren Wünschen zu Recht, schreien wutentbrannt, wenn ihnen etwas fehlt, schlagen auf alles ein, dass sie stört. Stellen Sie sich gerne vor, Sie seien die Größten, tyrannisieren alles und jeden, wenn Sie es können, alle Verantwortung ab und würden am liebsten, wenn Sie Ihren Vater erschlagen und mit Ihrer Mutter schlafen. Zumal dieser letzte Wunsch hat es Freud angetan, da im griechischen Mythos König Ödipus von Theben dieses Experiment tatsächlich durchführt.

Die daraus entstehende seelische Schuld, den Ödipuskomplex. Ödipus durchbricht ein gesellschaftliches Tabu, die Ordnung der Familie beruht Würden die Söhne ihre Mütter heiraten wie Ödipus, dann ließen sich die Generationen nicht mehr auseinanderhalten. Ehemänner sind Kategorien der Familie, jegliche Hierarchie als Voraussetzung der Autorität. Weil dieses Tabu Molekül der Gesellschaft die Familie ermöglicht, kann Freud seine Psychologie zu einer ganzen Gesellschaftstheorie erweitern, in der er uns erklärt, wie aus dem Inzest und dem Familienvater Mort die Gesellschaft, der Staat und die Religion entstehen.

Das Unbewusste die eigenen frühkindlichen Wünsche enthält, die dann verschlüsselt wurden, könnte man es ja eigentlich damit bewenden lassen. Und tatsächlich wäre auch nach Freud nichts dagegen einzuwenden, wenn sie nur schön unter Verschluss blieben. Aber das tun sie eben nicht immer. Eigentlich überhaupt nicht. Sie brechen aus. Sie treiben sich herum, mischen sich maskiert unter die Gäste, den Hausherrn, imitieren seine Stimme und kompromittieren ihn gesellschaftlich. Bis zu einem gerade, dass er wirklich leidet. Dann spricht Freud von einer Neurose. Dann tut man Dinge, die man nicht tun will, dann erkennt man sich nicht wieder. Dann ist es Zeit, für einen Psychoanalytiker aufzusuchen.

Der Psychoanalytiker weiß nun, was zu tun ist. Das Unbewusste spricht eine verschlüsselte Sprache. Also muss diese Sprache entschlüsselt werden, und die Verschlüsselung ist die Technik, einen Teil seiner selbst von sich abgespalten und als fremd ausgegeben hat. Also besteht die Therapie darin, dass ich dazu zu bringen, anzuerkennen, dass das, was ihm als fremd und befremdlich entgegentritt, diese ängste und Zwänge, Phobien, Abneigungen ein Teil seiner selbst sind.

Da die Therapie in der Entschlüsselung von geheimnisvollen und rätselhaften Symbolen besteht, hat die Psychoanalyse einen großen Einfluss auf die Literaturwissenschaft ausgeübt. Und eigentlich gibt es kaum eine Disziplin, in der es um Sprache und Symbole geht, die nicht von der Theorie Freuds tief beeinflusst wäre. Am radikalsten aber hat die Psychoanalyse die Form verändert, in der die Individuen über sich selbst reflektieren und sich zum Thema werden, dieses Terrain zunächst völlig leergeräumt und dann mit seinen Kategorien besetzt. Sie haben sich verflüssigt und sind durch Währungseffekte bis in die Folklore und das allgemeine Bewusstsein vorgedrungen, sodass sich Millionen Menschen in den Kategorien Freuds verstehen, die nie eine

Zeile von Freud gelesen haben. In mancher Hinsicht kommt dies einer ebenso tiefgreifenden Kulturrevolution gleich, wie sie die Entdeckung des Gefühls im 18. Jahrhundert bedeutet hat. In diesem Jahrhundert stark verändert Jeder muss jetzt mit dem Unbewussten des anderen rechnen, bewusst oder unbewusst sein.

Der Selbstbeobachtung selbst gilt dasselbe. Nun gibt es grundsätzlich zwei Arten, jemand zu diskreditieren. Das setzt Freiheit voraus. Moralisch kann ich nur jemanden anklagen, wenn er auch anders gekonnt hätte. Die andere Form der Diskreditierung ist nicht besser. Er kann nicht anders.

Er ist neurotisch, zwanghaft, wahrscheinlich sogar wahnsinnig. Auf jeden Fall aber. Die Aufspaltung in Bewusstsein und Unterbewusstsein lässt mehr in der Kommunikation mit dem anderen. Just diese Wahl vergesse ich sein Unbewusstes urteile ich moralisch und mache ihn für seine Handlungen verantwortlich. Beziehe ich mich dagegen auf sein Unbewusstes, entschuldige ich ihn moralisch, erkläre ihn für unverantwortlich und halte ihn für meschugge.

Auf diese Weise kann ich mich auch selbst entlasten. Aber jede moralische Entlastung wird ausgeglichen durch eine Belastung des kognitiven Selbstwertgefühls. Kurzum Man hat die Wahl, ob man lieber ein Schurke oder ein Wahnsinniger sein möchte oder in der milderen Form ein Egoist oder Neurotiker. Der Erfolg hat aber sicher eher mit der Hoffnung zu tun, die sie als Geschenk im Gepäck hat. Die Möglichkeit, das eigene Unbewusste zu enträtseln, jeden die Aussicht auf persönliches Glück.

Das eigene Unbewusste scheint auch das Reich der Freiheit. Andererseits ist das Unbewusste ja schon per definitionem so, wie es definiert ist eine Blackbox. Deshalb hindert mich nichts daran, hier die Quelle aller meiner Probleme zu vermuten.

Die Entschlüsselung Die eigene Biografie macht uns alle zu Familien, Historikern. Dort entdeckt man den wahren Schuldigen die eigenen Eltern. Sie haben alles falsch gemacht. Ihnen habe ich meine Probleme zu verdanken, denn sie haben mein Leben als Kleinkind beherrscht.

Das wiederum hat das Gespräch zwischen den Generationen in einen juristischen Prozess verwandelt. Ankläger ist die junge Generation, Angeklagte sind die Eltern. Das wiederum hat die Elternrolle so äußerst unattraktiv gemacht, weil sie weitgehend mit Schuldgefühlen verbunden wird. Man kann schon die Anklagen von später voraussehen.

Sind Ausdrücke wie Komplex, Verdrängung, Unbewusstes, Projektion oder Internalisierung. Damit ist die innere Aneignung gemeint. In den allgemeinen Sprachgebrauch der durchschnittlichen Zeitungsleser übergegangen und geläufig geworden. Das betrifft auch einen abgeleiteten Begriff wie Identität, der nicht von Freud, sondern von seinem Schüler Erik Erikson ausgearbeitet wurde.

Nach Erikson baut sich die Identität eines Menschen durch das erfolgreiche Bestehen einer Serie von Krisen auf, deren Identität selbst infrage stellt. Das ist die Phase der Adoleszenz, des Überganges zwischen Jugendlichen und Erwachsenen.

Die Gesellschaft gestattet dem jungen Erwachsenen deshalb ein psychosoziales Moratorium, nennt also eine Phase, in der man mit verschiedenen Lebensformen und Typen herumexperimentiert. Für viele sind diese Phase, das Studium oder die erste Beziehung, die reichste und poetische Episode in ihrem Leben, an die sie sich später mit Nostalgie erinnern. Am Ende hat man dann seine Identität gefunden. Das heißt, man hat seine Psyche mit den Anforderungen der Gesellschaft in Übereinstimmung gebracht. Diese Anforderungen werden ausgedrückt durch das Ensemble von Rollen, die jemand spielt als Vater, als Ehemann, als Sparkassendirektor, als Vorsitzender des Fußballvereins, als Laienrichter, als Parteimitglied etcetera. Ist also der komplementäre Begriff, zu dem der Identität eine stabile Identität hat derjenige, der all die verschiedenen Rollen Anforderungen integriert und mit seiner Fähigkeit zu arbeiten und zu leben verbindet.

Dabei ist die Identität der Stil, indem er all diese Rollen spielt. Er bleibt sich beim Wechsel der Rollen gleich. Der Rollenwechsel setzt eine gewisse Distanz zu den Rollen voraus. Als Vater benimmt man sich nicht wie ein Vereinsvorsitzender und als Direktor nicht wie ein Vater. Die Faustregel heißt Identität ist das, was gleich bleibt. Beim Wechsel der Rollen und Rolle.

Mit der Identität beschäftigt sich die Psychologie, mit der Rolle die Soziologie. Womit wir gottseidank die Grenze zwischen beiden erreicht haben.

Gesellschaft..

Wissenschaftlich ist die Gesellschaft erst recht spät entdeckt worden. Und so sind denn die Klassiker der Soziologie Gelehrte, die in der zweiten Hälfte des 19. Jahrhunderts und um die Jahrhundertwende lebten.

Neben Marx gehören in England Herbert Spencer, Sidney und Beatrice auch die London School of Economics gegründet haben, in Frankreich und Emile Durkheim und in Deutschland Max Weber und Georg Simmel.

Wie die Psychoanalyse wurde die Soziologie aber erst mit der Studentenbewegung eine Wissenschaft, die auch das Bewusstsein prägte. Andere Wissenschaften wie die Geschichte oder die Literaturwissenschaft wurden Soziologie und Sozialgeschichte, die Literatur auf gesellschaftliche Trends zurück.

Dabei blieb die Soziologie stark mit der Politik verbunden und inspirierte vor allem die sozialen Bewegungen antiautoritäre Bewegung, Marxismus, sexuelle Revolution, außerparlamentarische Opposition, Anti-Atomkraft-Bewegung, Friedensbewegung, Frauenbewegung et cetera. Das liegt an einer verwandten Optik. Normalerweise erlebt man die Gesellschaft als Voraussetzung des Alltags. Wenn man sie aber als Ganze in den Blick nimmt wie in der Soziologie, geht man auf Distanz und kann sich vorstellen, dass sie auch ganz anders sein könnte. Dann ist man schon in der Nähe der alternativen Bewegung. Eine andere alternative Gesellschaft. Das ist nun ein frommer Wunsch.

Die Gesellschaft ist zu komplex, als dass man sie beliebig ändern könnte. Dass man sich das einbildet, liegt daran, dass man sich an den Revolutionen beim Übergang von der traditionellen zur modernen Gesellschaft orientiert und glaubt, man könne die moderne Gesellschaft behandeln wie die traditionelle.

Leider ist aber die Moderne ganz anders als die traditionelle Gesellschaft. So wirft man alles durcheinander, verwechselt, interpretiert die moderne Gesellschaft in den Begriffen und versteht sich selbst nicht.

Deshalb hängt alles davon ab, dass man sich den Unterschied zwischen einer traditionellen und der modernen Gesellschaft klarmacht.

Die traditionelle Adeles Gesellschaft, Europas Schichten, Gesellschaft die Schichten waren keine Klassen, sondern Stände, die verschiedene Lebensformen darstellten.

Die oberste Schicht bestand aus dem Adel und dem hohen Klerus. In der Mitte kamen die städtischen Bürger, Handwerker, Kaufleute, Gelehrte und andere Berufstätige, und ganz unten waren die Bauern, Knechte und Leute. Das

Prinzip gesellschaftlicher Organisation war die Einteilung von Menschen in Gruppen, also in Familien, Haushalte, Clans und Stände. Das mit der ganzen Person in allen Aspekten psychisch, juristisch, ökonomisch, sozial entweder oder Bäuerin oder Schreinermeister.

Persönliche Identität war dasselbe wie soziale Identität. Es gab noch keinen Unterschied zwischen Ich und Rolle. Deshalb bestand kein Bedarf an Originalität. Es genügte die Typisierungen. Heute ist alles anders, die Stände haben sich aufgelöst. Damit nicht genug. An ihre Stelle ist ein ganz neues Prinzip gesellschaftlicher Differenzierung getreten.

Es geht nicht mehr um Familienclans. Vielmehr gewinnt die Gesellschaft das Prinzip an sich selbst. Woraus besteht die Gesellschaft aus Kommunikation und nicht etwa aus Gedanken oder Gefühlen oder aus dem Stoffwechsel der Organismen.

Was sind Kommunikationen? Flüchtige und vorübergehende Ereignisse. Woraus besteht also die Struktur der Gesellschaft aus solchen Einrichtungen, die flüchtige und vorübergehende Ereignisse wie Kommunikationen verknüpfen können? In der modernen Gesellschaft werden nicht mehr Gruppen von Menschen differenziert, sondern Typen von Kommunikationen. Die verschiedenen Typen von Kommunikationen kristallisieren sich an den Druckstellen der gesellschaftlichen Funktionen heraus. Solche Funktionen sind etwa Konfliktregelung durch das Recht, Sicherung kollektiver Entscheidungen, durch stellvertretendes Lernen, durch Erziehung, Ernährung und materielle Sicherung, durch Wirtschaft, Naturbeherrschung, durch Technik und Wahrnehmung durch Wissenschaft.

Diese Kommunikation Typen werden voneinander differenziert, indem sie wie Laserstrahlen die Möglichkeiten, Kommunikationen abzulehnen, auf einen einzigen Gegensatz beschränken. In der Wissenschaft darf eine Mitteilung also nur dann abgelehnt werden, wenn sie unwahr ist und nicht, wenn sie unschön, unmoralisch und pädagogisch, politisch unkorrekt oder unwirtschaftlich ist.

Ansonsten muss sie angenommen werden, selbst wenn sie mit all diesen unsympathischen Merkmalen belastet ist. Auf diese Weise können die Unwahrscheinlichkeit und die Leistungsfähigkeit der Kommunikation enorm erhöht werden. Zusammen mit den zugehörigen Institutionen wie Gerichten, Regierungen und Parteien, Schulen und Universitäten, Fabriken, Börsen und Märkten et cetera bilden diese Typen die gesellschaftlichen Teilsysteme. Sie sind nicht mehr hierarchisch geordnet. Jedes ist gleich wichtig für das Ganze, und alle funktionieren nach dem Prinzip der Arbeitsteilung. Historisch gesehen sind diese Teilsysteme hintereinander entstanden und waren deshalb zum Teil mit den

Schichten der traditionellen Gesellschaft verknüpft. Zuerst entstand die Religion mit der Schicht der Priester, wobei die Abspaltung mit der Differenz von Jenseits und Diesseits begründet wurde.

Die Priester hatten eine Sonderstellung, weil sie zwischen beiden vermittelten. Danach spaltete sich mit dem Adel und den Regenten die Politik ab und stand der Gesellschaft als Staat gegenüber. In dieser Opposition wurde überhaupt der Gesellschaft Begriff als Gegenwelt zum Staat entwickelt.

Mit diesen beiden Bereichen war die Ständegesellschaft noch vereinbar. Aber schon die Expansion der Geldwirtschaft, die allgemeine Schulbildung und der wissenschaftliche Fortschritt sprengten die alte Ständegesellschaft und erzwangen den Übergang zur Moderne.

Das veränderte die Beziehung des Einzelnen zur Gesellschaft. In grundlegender Weise war früher personale Identität gleichbedeutend mit sozialer Identität. Das mit der Umstellung auf die gleichberechtigten Teilsysteme unmöglich geworden. Diesen Teilsysteme gehört der Mensch nicht mehr ganz, sondern nur Aspekt, weise und vorübergehend an Mal spielt man den Studenten, mal den Börsenspekulanten, mal den Wahlhelfer. Aber immer nur vorübergehend und Aspekt. Als ganzer Mensch kommt man nirgends mehr in der Gesellschaft vor, sondern wird als Individuum ausgeschlossen. Eben deshalb braucht man eine Identität.

Zwischen der traditionellen und der modernen Gesellschaft liegt der Sündenfall. Danach wurde der Mensch als Ganzer aus der Gesellschaft vertrieben. Nun wird er fallweise wieder hereingelassen, sozusagen als Besucher in jeweils wechselnden Funktionen. Als ganzer aber treibt er sich in der Wildnis draußen herum, das heißt in seiner Psyche, und überlegt sich, welche Kleider er aus der gesellschaftlichen Garderobe auswählen soll, um daraus seinen Identität Kostüm zusammenzustellen.

So wie jeder eine eigene Identität hat, hat auch jeder seine ganz persönliche Garderobe. Zwar gibt es da Trends, Stile und die Empfehlungen der Journale für Identitäts, Mode. Es gibt Designer, Identitäts, Models und Couturiers. Jede Saison stellen die großen Modehäuser ihre neue Identitäts Kollektion vor.

Diese Angebote einen gewissen Druck aus, aber sie können nur deshalb existieren, weil die meist mit ihrer Wahlfreiheit überfordert sind. Denn an sich ist jeder frei, seine Identitäts Ausstattung so zu gestalten, wie er es für richtig hält. Nach der Vertreibung aus dem Paradies der Gesellschaft darf der Mensch sogar unmoralisch sein und sündigen, ohne die Gesellschaft gleich zu gefährden.

Identität und Gesellschaft haben sich getrennt. Die Identitäten sind freigegeben worden, sodass heute jeder ein Original sein kann, ohne dass es irgendwelche Konsequenzen hätte. Umgekehrt kann die Gesellschaft nicht vom Menschen aus verstanden werden. Sie ist ein eigenständiges Gebilde, das nach eigenen gesellschaftlichen und personalen Gesetzen funktioniert. Diese Schwierigkeit bildet das größte Hindernis beim Verständnis der modernen Gesellschaft. Des intuitiven Alltags Verständnis führt hier in die Irre. Das legt nämlich nahe, die Gesellschaft sei ein Haufen Menschen. Nichts ist abwegiger.

Das wäre so, als würde man sagen ein Haufen Steine und Balken, sein Haus oder ein Fass voll Wasser und etwas Fett und organische Masse.

Eine Kuh. Aber die Gesellschaft unterscheidet sich von einzelnen Menschen wie ein Haus von einem Backstein.

Aus demselben Grund kann man auch nicht vom Einzelmenschen auf die Struktur der Gesellschaft schließen.

Das wäre so, als ob man glaubte, ein Text sei so gebaut wie ein Wort. Die Gesellschaft unterliegt anderen Gesetzen als ein einzelner Mensch.

Das hat unangenehme Konsequenzen. Zum Beispiel reicht es nicht mehr, einfach das Beste zu wollen und es dann auf direktem Wege zu verwirklichen.

Im Privaten hat man da noch Chancen, weil dieses Tera vergleichsweise übersichtlich ist. Aber gesellschaftliche Pläne haben bis jetzt immer die besten Absichten.

Mit den katastrophalen Ergebnissen verbunden.

Das lag immer daran, dass man ein naives Bild der Gesellschaft hatte.

Meistens stellte man sich dabei die Moderne wie eine traditionelle Gesellschaft vor. Und das war jedes Mal tödlich.